Richard Heinzel

Ueber das Gedicht vom König Orendel

Richard Heinzel

Ueber das Gedicht vom König Orendel

ISBN/EAN: 9783743691551

Hergestellt in Europa, USA, Kanada, Australien, Japan

Cover: Foto ©Thomas Meinert / pixelio.de

Weitere Bücher finden Sie auf **www.hansebooks.com**

SITZUNGSBERICHTE
DER
KAIS. AKADEMIE DER WISSENSCHAFTEN IN WIEN
PHILOSOPHISCH-HISTORISCHE CLASSE.

BAND CXXVI.

I.

ÜBER DAS GEDICHT

VOM

KÖNIG ORENDEL.

VON

RICHARD HEINZEL,
WIRKL. MITGLIEDE DER KAIS. AKADEMIE DER WISSENSCHAFTEN.

WIEN, 1892.
IN COMMISSION BEI F. TEMPSKY
BUCHHÄNDLER DER KAIS. AKADEMIE DER WISSENSCHAFTEN.

Einleitung.

Ich lege den folgenden Untersuchungen die Ausgabe Berger's zu Grunde, 1888, deren Einleitung und Anmerkungen immer als Berger citirt sind. Mit Müllenhoff ist der Excurs über den Orendel im ersten Bande der Alterthumskunde gemeint, S. 33 ff., mit Beer dessen Aufsatz im 13. Bande der Beiträge von Paul und Braune, S. 1 ff., mit Vogt die Besprechung der Berger'schen Ausgabe im 22. Bande der Zeitschrift für deutsche Philologie, S. 468 ff., mit Beer-Vogt XXIII die kleine Polemik dieser Gelehrten im 23. Band der genannten Zeitschrift, S. 493 ff., mit Müller die Orendel betreffende Abhandlung in W. Müller's Buche Zur Mythologie der deutschen Heldensage, S. 147 ff.

Obwohl ich in Bezug auf die Meinungen der erstgenannten Gelehrten dem Urtheile Müller's beistimme, so halte ich es doch für nöthig, sie im Einzelnen gegenüber dem Wortlaut und Zusammenhang des altdeutschen Gedichtes genauer zu prüfen, um so mehr als ich den positiven Aufstellungen Müller's fast nirgends Glauben beizumessen, die betreffenden Fragen also durch ihn nicht erledigt zu sehen vermag.

An Inhaltsangaben des Orendel fehlt es zwar nicht, siehe zuletzt Beer, S. 6 ff., Berger, S. LXIII ff., aber abgesehen davon, dass sie nicht fehlerlos sind, erfordert jede Untersuchung entweder den Abdruck des ganzen zu untersuchenden Werkes, oder wenigstens einen für die Zwecke dieser Untersuchung gearbeiteten Auszug. Ich gliedere ihn nach den natürlichen Abschnitten des Gedichtes und füge in Klammern ein paar

Ergänzungen bei, wo die Meinung des Dichters erschlossen werden muss. Die Verszahlen beziehen sich auf die zuletzt erwähnte Thatsache.

König Orendel.

I. Einleitung. Vorgeschichte des heil. Rockes. V. 1—254.

Stoff des Gedichtes ist der graue Rock Christi, den Maria gesponnen, Helena auf dem Oelberg gewebt hat, 24 ff. Christus trug das unzerreissbare Kleid während der vierzigtägigen Fasten und auch bei seinem Martertode. Ein alter Jude verlangt und erhält es von Herodes für 23jährige Dienste, 49 ff. Da aber die Blutflecken sich nicht auswaschen lassen, verbietet Herodes (damit der Rock nicht den Glauben der Christen stärke) dem Juden den Rock zu tragen, und dieser führt ihn 72 Meilen weit auf das Meer hinaus und versenkt ihn dort in einem Steinsarg, 79 ff. Aber ein ‚Syren‘ bricht den Sarg auf, bringt den Rock ans Ufer und vergräbt ihn im Sande, wo er acht Jahre bleibt, 98. Im neunten Jahre kommt der Rock wieder an die Oberfläche der Erde. Ein Pilger Tragemunt, der 72 Länder kennt, will ihn sich aneignen. Da er aber an den unvergänglichen Blutflecken erkennt, dass es der Rock unseres Herrn sei, wirft er ihn wieder in das Meer, wo ihn ein Walfisch verschlingt, in dessen Magen er wieder acht Jahre ruht, 147 ff.

II. Orendels Schiffbruch. V. 155—507.

König Ougel, der in Trier an der Mosel über zwölf Königreiche herrscht, hat einen Sohn Orendel. Dieser wird im 13. Jahre zum Ritter geschlagen, 174, und verlangt von seinem Vater eine Frau. Ougel räth zu Briden, der schönsten aller Frauen, welche über das heil. Grab und einen grossen Theil der Heidenschaft herrscht, 220 ff. Mit 72 Schiffen und Mundvorrath für acht Jahre fährt Orendel Mosel und Rhein hinab ins Weterische Meer, 349. Von einem Sturm verschlagen, bleiben sie drei Jahre im Klebermeer, 393, gelangen dann in die Gegend des wüsten Babyloniens, 400, wo sie König Belian in einer Seeschlacht besiegen, 430 ff. Im Angesicht des heil. Grabes aber überfällt sie ein neuer Sturm, in dem alle Schiffe

und Pilger zu Grunde gehen bis auf Orendel, der sich nackt
an den Strand rettet, 483. Er fürchtet, wegen seiner Nackt-
heit für einen entronnenen Seeräuber gehalten zu werden und
gräbt sich, damit ihn nicht die Vögel fressen, im Sande ein,
500 ff.

III. Orendel bei dem Fischer Ise. V. 508—819.

Am vierten Tage sieht er einen Fischer, den er bittet ihn
aufzunehmen. Aber dieser, welcher Ise heisst, hält ihn für
einen Seeräuber und droht ihn aufzuhängen. Orendel aber
betheuert, er sei kein Seeräuber, sondern — da ihn die Noth
zur Lüge zwang — ein schiffbrüchiger Fischer, 535 ff., und bittet
Isen, ihn für immer als seinen Knecht anzunehmen, 545. Mit
einem Zweig vor der Scham tritt er in das Schiff, 550. Doch
muss er erst zur Probe einen Fischzug thun, der ihm durch
St. Peters Hilfe meisterlich gelingt, 578 ff. Sie kommen in die
Wohnung des Fischers, die ein herrliches Schloss mit sieben
Thürmen ist, in dem Isen 800 Fischer, seiner Frau sechs Mägde
dienen, 602. Auch die Fischerin sieht in dem nackten Fremdling
anfangs einen entsprungenen Seeräuber. Als sie die Fische
aufschneiden, enthält einer, ein Walfisch, den blutbefleckten
grauen Rock, 630 f. Orendel bittet Isen darum, aber er muss
ihn erst abdienen, 645. Nachdem er sechs Wochen nackt
gedient, erhält er eine Hose, grobe rindslederne Schuhe und
einen Schiffermantel, 661 ff. Auf sein Gebet schickt ihm die
heil. Jungfrau durch den Engel Gabriel 30 Goldstücke, damit
er den grauen Rock kaufen könne, der ihn im Kampfe besser
schützen werde als eine Rüstung, 719 ff. Orendel kauft den
Rock von Ise, 746, der ihn auf dem Markte feilbietet und trägt
ihn von nun an beständig, auch bei Hof und in allen Kämpfen.
Ise (ärgerlich, dass er den Rock so wohlfeil verkauft hat) sagt,
Orendel müsse ihm den schönen Rock durch guten Dienst vergelten, was dieser verspricht. Aber darauf begehrt er Urlaub,
um zum heil. Grabe zu ziehen, und wird von Isen mit Strüm-
pfen und von dessen Frau, welche die Stellung des Fremdlings
bereits zu ahnen beginnt, mit drei Goldpfennigen ausgestattet,
768 ff. Rasch eilt er dem heil. Grabe zu: aber auf dem Wege
wird er von Heiden gefangen und nur durch die Hilfe des Engels
Gabriel befreit; so gelangt er endlich zum heil. Grabe, 813.

IV. **Orendels erstes Auftreten in Jerusalem; sein Kampf gegen den Riesen Mentwin. V. 820—1421.**

Nachdem Orendel dort sich selbst als Opfer dargebracht, 818, und auf dem Wege zur Burg Jerusalem von einem Begegnenden, den er um die Ursache des grossen Getöses daselbst fragte, zuerst den Namen Graurock erhalten hatte, 842, den er von nun an behält, sieht er vor der Burg ein Turnier, welches die syrischen Tempelherren, 852. 1190, zu Ehren der Königin Bride veranstalten, die von der Zinne zusieht, 862. Da er an demselben gerne theilnehmen möchte, bittet er die heidnischen Brüder Merzian und Sudan, welche sich auf Briden Hoffnung machen, 913, um Ross und Waffen, 923. Sudan schilt ihn als einen Bauer, aber Merzian gibt ihm beides: jedoch solle er Merzians Knecht werden, wenn er Ross und Waffen verlöre, 941 ff. Nachdem ihm der Engel Gabriel noch zwei goldene Schuhe gebracht hat, weil die eigenen nicht in die Steigbügel passen, tödtet er im ersten Gang den Heiden Sudan, 1064, und besiegt sodann eine grosse Menge anderer, 1068 ff. Er bezahlt Ross und Schild an Merzian durch zwölf gefangene Rosse und treibt ihn, der Orendel wegen des Todes seines Bruders schilt, in die Flucht, 1100. Die Königin Bride erklärt dem Helden durch Herzog Schiltwin ihre Liebe und fordert ihn auf in ihren Dienst zu treten, was er zusagt, 1167. Neidisch auf diesen Erfolg, lassen die Tempelherren den heidnischen Riesen Mentwin kommen, der in einer fabelhaften Ausrüstung mit Orendel kämpfen soll, 1190 ff. Aber auch er wird von Orendel besiegt und getödtet, 1329. Darauf ficht er noch mit zwölf heidnischen Königen, wobei ihm die drei Erzengel beistehen; er tödtet sechs, die anderen entfliehen, 1408.

V. **Orendel heiratet Bride. Kampf gegen den Riesen Liberian. V. 1422—1834.**

Da geht ihm Frau Bride entgegen und empfängt ihn als König Orendel: die Stimme Gottes habe ihr gesagt, dass dieser mit 72 Schiffen von Trier hieher gefahren sei, und alle seien umgekommen bis auf ihn, der allein ihr Mann und König von Jerusalem sein solle, 1440 ff. Er verleugnet sich, 1455 ff. Als der Heide Merzian den freundlichen Empfang sieht, den Orendel von der Königin erhält, schilt er ihn seinen Knecht, wird aber von Orendel, der erklärt, dass er keines Menschen Knecht sei, 1477, mit einem Faustschlag niedergestreckt, dann von Briden eingekerkert, 1496. Orendel erwirkt ihm die Freiheit, aber er dürfe sich nicht unterstehen, ihn jemals wieder seinen Knecht zu nennen, 1516 f. Merzian flieht durch den Garten Abrahams in die Wüste von Ascalon, 1523 f. Von dorther kommt (vielleicht auf Merzians Anstiften, 1712) ein grosses heidnisches Heer von 1400 Mann in vier Schaaren mit dem Riesen Liberian, welcher die Auslieferung Orendels begehrt, 1550. Bride beschenkt Orendel mit einem Ross und will ihm auch das Schwert ihres Vaters David geben. Ein Kämmerer bringt eine Lade mit drei Schlössern, aber das Schwert darin erweist sich als unecht. Sie tritt den Kämmerer mit Füssen; er weist ihr das wahre, das eine Klafter tief in der Erde ruht, in einer goldenen Scheide, mit den Reliquien des heil. Pancratius, (wohl im Griff). Sie gibt es Orendel, ebenso einen Helm, der mit Davids Kriegskrone geziert war, 1637 ff. Wieder mit Hilfe der drei Erzengel tödtet er erst Liberian, 1688 ff., und schlägt dann alle vier Schaaren der Feinde in die Flucht, 1746. Als er zu Briden zurückkommt, bietet sie ihm wieder ihre Hand und das Reich an, was er jetzt annimmt, ohne sich aber zu erkennen zu geben. Nachdem sie ihm Davids Festkrone aufgesetzt hat, soll das Beilager gehalten werden, aber auf Befehl eines Engels muss sich Orendel Bridens durch neun Jahre enthalten, 1809; er legt Davids Schwert zwischen sich und sie, 1817.

VI. Kampf Orendels gegen den Riesen Pelian, Huldigung der Templer. V. 1835—2150.

Aber es kommt nochmals ein heidnisches Heer, diesmal von 16.000 Mann aus Ascalon, mit dem Riesen Pelian, welche wieder die Auslieferung Orendels begehren, 1844 ff. Pelian hat auch die Absicht, Briden für sich zu gewinnen, 1888. 1930. Auf die Mahnung eines Engels befiehlt Bride den Tempelherren, Orendel gegen Pelian zu schützen, 1926 ff. Als Orendel aber sich in seinen grauen Rock waffnet, halten es die Templer

unter ihrer Würde, für ihn zu kämpfen, 1978 ff. (im Druck
und der Handschrift kommt dieser Zug früher vor, nach 1651,
Berger, S. XIX) und er reitet allein gegen die Heiden. Mit
Hilfe des Engels Gabriel tödtet er Pelian, 2034. Als Bride
ihn nun aber von den 16000 Heiden angegriffen sieht, rüstet
sie sich und reitet ihm zu Hilfe. Am Jordan haut sie eine Strasse
durch die Heiden und ruft *Held, bistu iendert wund, oder bistu
ouch wol gesunt?* 2083 f. Er erkennt sie an der Stimme und
antwortet, dass er nicht verwundet sei, aber ein frisches Pferd
brauche. Bride schlägt einen Syrer vom Pferde und gibt es
Orendel, 2104 ff. Orendel und Bride kämpfen nun zusammen
und nöthigen die Feinde zur Ergebung, 2123 f. Als die Templer
sehen, dass Bride sich selbst in den Kampf gewagt hat, eilen
sie auf das Schlachtfeld. Aber Bride ist so gegen sie erbittert,
dass sie nur von Orendel abgehalten wird, ihnen feindlich zu
begegnen. (Dabei verräth sich Orendel), indem er sagt: wären
mir meine 72 Schiffe mit ihrer Mannschaft nicht verloren ge-
gangen, so hätte ich jetzt genug treue Helfer gehabt, 2133 ff.
Auf das hin erkennt Bride, dass ihre Ahnung sie nicht betrogen
habe, und die Templer huldigen ihm, 2145 ff.

VII. Ises Belohnung. V. 2151—2338.

Da kommt der Fischer Ise an den Hof und erkundigt
sich nach seinem Knecht. Orendel entschuldigt sich wegen
seines langen Ausbleibens und Ise vergibt ihm, 2165 f. Aber er
weist ihn zugleich an Briden, er solle sich von ihr seinen Knecht
wieder geben lassen, denn sie sei es, die ihn seinem Dienst
entzogen habe. Ise thut es und erklärt dann auf ihre Frage
nach dem Namen des Knechtes, dass es Orendel sei. Sie befriedigt ihn sofort mit einem Schild voll Gold, aber er dürfe
sich nicht unterstehen, Orendel jemals wieder seinen Knecht zu
nennen, 2203 f. Als Ise wieder vor Orendel kommt, fragt dieser
ihn: Nun hat die Königin mich dir ausgeliefert? Nein, antwortet
Ise, Ihr sollt bei ihr als Gatte und König bleiben, 2215 ff.
Orendel schickt durch Isen der Fischerin einen Zobelmantel
zum Entgelt für die alte Hose, die sie ihm gegeben, 2127 ff.
Aber er (glaubte Isen noch nicht genug belohnt zu haben und)
sagt Briden, er müsse (doch) zu Isen gehen, dessen Knecht

er sei, 2259. Bride lässt Isen wieder kommen und macht ihn zum Ritter und Herzog des heil. Grabes, 2280, und sofort fügt dieser in einem Turnier den Saracenen grossen Schaden zu, 2325 ff.

VIII. Orendels Gefangenschaft und Befreiung. V. 2339—2534.

Darauf zieht Ise als Heerführer mit Orendel vor die Burg Westval, wo nach dreijähriger Belagerung Orendel gefangen wird. Als Bride dies erfährt, tobt sie gegen Gott und das heil. Grab, 2379 ff., aber ihr Diener Durian beschwichtigt und tröstet sie, 2384 ff., und sie zieht auch vor Westval. Nach einem halben Jahre bietet ihr ein Zwerg Alban an, Orendel zu befreien. Als er aber dafür ihre Liebe begehrt, rauft sie ihn bei den Haaren und tritt ihn unter die Füsse, 2439 f. Darauf führt er sie in den Kerker zu Orendel, schliesst sie aber tückisch mit diesem ein. Ein Engel nöthigt ihn wieder aufzuschliessen, Orendel wird befreit und erobert die Burg. Dreizehn heidnische Könige lassen sich taufen, 2505 ff. Mit ihrer Hilfe erobert Orendel Montelie und macht sich sieben heidnische Könige unterthänig, 2516. Mit allen zwanzig heidnischen Königen besiegt er zweiundsiebzig solche in dem wüsten Babylonien, 2526 ff.

IX. Kampf Orendels mit Durian und Elin. V. 2535—2839.

Aber kaum nach Jerusalem zurückgekehrt, erhält er die Absage zweier dieser babylonischen Könige, Durians und Elins, durch Herzog Daniel, 2563 ff. Als dieser am Schluss seiner Rede Orendel einen Fischerknecht nennt, bestätigt dieser die Thatsache, 2601, gibt ihm aber als Botschaft an die zwei Könige zwei Faustschläge, welche dieser in Alzit, 2637, dem Versammlungspunkt der Heiden, seinen Herren dann wiedergibt, 2664 ff. In dem folgenden Kampfe, der vor Jerusalem stattfindet, 2683, besiegt und tödtet Orendel mit Hilfe des Engels Gabriel, 2809, den König Durian, 2814 f., Elin ergibt sich und lässt sich mit den Seinen taufen, 2822 ff.

X. Orendels Rückkehr nach Trier, Entsatz Ougels. V. 2840—3151.

Da bringt ein Engel Orendel die Nachricht, dass sein Vater in Trier von Heiden belagert werde. Er will ihm zu

Hilfe kommen. Bride und Ise begleiten ihn. Ise sollte anfangs zurückbleiben und das heil. Grab und das Reich hüten, aber er bewegt Orendel, ihn als seekundigen Mann mitzunehmen und zum Schutz des heil. Grabes und des Reiches, auch der heil. Reliquien des Kreuzes und der Dornenkrone, 2873. 2894, s. 3784f., zwei andere Herzoge zurückzulassen, 2888ff., die das heil. Grab nachmals den Heiden verkaufen. Auf dem Wege schliessen sich die Söhne Ises, die Herzoge Mersilian und Stephan an, welche auf die Nachricht, dass ihr Vater auch Herzog geworden, sich und ihre Mannschaft Orendel unterthänig machen, 2935ff. In der Nähe der Stadt Bari, 3065, will Ise Orendel und den Seinen Pferde (für die Landreise) verschaffen. Aber er treibt sie fruchtlos mit der Ruderstange umher, 2994ff., bis der Besitzer dieser Pferde, Herzog Warmund, auf die Nachricht, dass Orendel und Bride die Pferde brauchen, sie ihnen überlassen, 3041ff. Als Orendel vor Trier angekommen ist, ergeben sich die Feinde sofort und lassen sich taufen, 3114ff. Orendel führt Bride seinen Eltern als seine Frau zu, 3142f.

XI. Rückkehr Orendels nach Ackers. V. 3152—3201.

In einem Traumgesicht erfährt Bride, dass das heil. Grab in die Hände der Heiden gefallen sei, verrathen von den zwei Herzogen, 2896, und ist ebenso wie Orendel entschlossen hinzuziehen. Aber auf Befehl eines Engels muss Orendel den grauen Rock in Trier zurücklassen; denn dort wird Gott das jüngste Gericht halten, 3168ff. Der Rock wird in einen steinernen Sarg eingeschlossen und König Ougel übergeben, 3176ff. Alle, auch Ise mit seinen zwei Söhnen, ziehen ins heil. Land und landen in Ackers, 3200.

XII. Bridens Gefangenschaft bei Minold. V. 3202—3267.

Da erbietet sich Bride in Pilgrimskleidung nach Jerusalem zu gehen und zu erkunden, ob das heil. Grab wirklich in den Händen der Heiden sei. Aber auf dem Wege wird sie von Herzog Daniel und König Wolfhart gefangen und nach Munteval, 3307, auf die Burg König Minolds von Babylonien gebracht, 3221f. Dieser verlangt, dass sie ihn heirate. Als sie sich weigert, wird sie dem Ritter Princian zu harter Züchtigung übergeben, 3255ff.

XIII. Brides Befreiung durch Orendel und Ise. V. 3268—3763.

Durch einen Pilger erhalten Ise und Orendel Nachricht von dem Schicksal Bridens und zugleich, was Bride erkunden wollte, dass das heil. Grab wirklich in der Gewalt der Heiden sei, 3295 ff. Orendel und Ise verlassen das Heer (um Bride durch List zu befreien). Nachdem sie die Gefangene mit Minold und seinem Gefolge bei einem Spazierritt gesehen haben, 3366 ff., finden sie in Munteval, Minolds Burg, einen christlichen Pförtner, Achille, den Oheim Ises, der einst von König David vertrieben worden war, 3420. Sie geben sich ihm zu erkennen, 3486 ff. Achille, der schon vorher die Absicht hatte, Orendel von der Gefangenschaft Bridens zu benachrichtigen, 3447 ff., beschliesst mit Minold einen Streit anzufangen, bei dem ihm Orendel und Ise, die er für seine beiden Neffen ausgeben will, helfen sollen, 3522 ff. (In den Getümmel hofft er Briden zu befreien.) Aber Minold, durch böse Träume gewarnt, erkennt Orendel und Isen sofort, obwohl die herbeigerufene Bride sagt, sie habe keinen der beiden Freunde je mit Augen gesehen, 3597. Da Orendel sich erkannt sieht, greift er den König Minold sofort mit dem Schwerte an; dieser flüchtet in einen Thurm, Orendel, Ise, Bride und Achille (bemächtigen sich der Burg), werden aber von zweiundsiebzig heidnischen Königen darin belagert, 3638 ff. Orendels Heer, von der heil. Jungfrau über die Gefahr, in der Orendel schwebt, unterrichtet, zieht vor Munteval und belagert die Burg in blutigen Kämpfen. Orendel, Ise und Achille verlassen die Burg, tödten den Pförtner und greifen die Heiden im Rücken an, während Bride König Minold bewacht, 3711 ff. Die Burg Munteval wird von den Christen erobert und verbrannt, König Minold getödtet, 3740 ff., und Orendel zieht mit Briden und dem Heer wieder nach Ackers, 3764.

XIV. Bridens Gefangenschaft bei Wolfhart, Eroberung Jerusalems durch Orendel. V. 3764—3863.

Da nimmt Bride wieder Pilgrimskleider und zieht nach Jerusalem, wird aber, als sie am heil. Grabe die heil. Nägel, die heil. Lanze und Christi Dornenkrone opfert, 3782 ff., von dem 2384 als ihrem Diener erwähnten Durian erkannt, gefangen und an König Wolfhart von Jerusalem ausgeliefert. (Durian will aber nur durch eine List Jerusalem seiner Herrin wieder in die Hände spielen. Denn) als Wolfhart, vor der Nacht, welche er mit Briden zuzubringen gedenkt, einen Trunk verlangt, gibt ihm Durian ein Schlafmittel und schlägt dem Entschlafenen den Kopf ab, 3820f. Bride waffnet sich, tödtet dann den Pförtner und ist so im Besitze des heil. Grabes, 3853. Orendel eilt auf ihre Botschaft mit dem Heer herbei und erobert auch die Stadt Jerusalem, 3858 ff.

XV. Schluss. Tod Orendels und Bridens. V. 3864—3895.

(Die neun Jahre sind nun um, aber) ein Engel gebietet Orendel auch jetzt noch sich Bridens zu enthalten, denn sie sollen in einem halben Jahre sterben, 3874f. Orendel, Bride, Ise und Achille gehen ins Kloster und nach ihrem angekündigten Tode werden ihre Seelen von Engeln in den Himmel geführt, 3888 ff.

Zum König Orendel.

Die Zeit, in welcher dieses Gedicht abgefasst wurde, ist fraglich. Die Handschrift stammt aus dem Jahre 1477, gedruckt ist das Gedicht und die Prosa 1512. Alterthümliche Reime sind ganz vereinzelt 3679 *forderôst: trôst*, — 3616 *got: gemarterôt* ist eine Conjectur Berger's. Dieser setzt das ursprüngliche Gedicht ungefähr 1160 und eine Umformung desselben Ende des 13. Jahrhunderts an, XXXIII f., LXII, Vogt will das alte Gedicht an das Ende des 12. Jahrhunderts hinabrücken, 477. 485. 487. — Mir scheint, wie Müller 167 f., dass eine Erzählung von einem christlichen Reich in Jerusalem, welches durch Verrath an die Heiden verloren ging, dann wieder von den Christen zurückgewonnen wurde, sich am leichtesten erklärt, wenn man die Jahre 1187 und 1229 als vor längerer Zeit abgelaufen annimmt. Dazu stimmen Erinnerungen an Einzelheiten der Einnahme von Jerusalem durch Saladin — Bestechung der Ritterschaft — s. Orendel 2896. 3157 ff., Vogt 483, der Wiedererwerbung durch Friedrich II., dem die Templer ebenso widerspenstig waren — s. Orendel 1941 ff., 1976 ff., Müller 169 — als andere Grosse des Reiches Sibyllen und Guido von Lusignan im Jahre 1180,

s. E. H. Meyer, Zeitschrift für deutsches Alterthum XII, 388, Wilken, Geschichte der Kreuzzüge III 2, 253. Kugler, 197. — Auch die mit der Geschichte Orendels nah verwandte Episode aus Baudouin de Sebourg, über welche unten, weist darauf hin, dass zur Zeit der Abfassung unseres Gedichtes es schon lange keine Balduine von Jerusalem, deren letzter 1186 stirbt, mehr gab. — Die Vorrede des Heldenbuches, in welcher ein kurzer Auszug aus dem Orendel vorkommt, s. unten, gewährt keinen chronologischen Aufschluss, da der älteste Druck, welcher ins 15. Jahrhundert fällt, weder das Jahr des Druckes angibt, noch sonst einen Hinweis auf die Zeit seiner Entstehung bietet.

Der Reim 3679 *vorderôst : trôst* konnte sich durch das Nationalepos in der volksmässigen Poesie länger erhalten als in der gewöhnlichen Sprache des Lebens und der höheren Litteratur.

Der Dichter beruft sich oft auf ein deutsches Buch, 41. 446. 937. 1089. 1264. 2403. 3066, einmal, 3219 *als ez an dem liede stât.*

Zu I. Warum in den Eingangsversen V. 15 ff. gerade die Bedeutung der vierzigtägigen Fasten Christi hervorgehoben wird, ist nicht klar, aber wohl in Zusammenhang mit 34, wo gesagt wird, dass Christus, nachdem er den von Helena gesponnenen Rock angelegt, 40 Tage fastete. Diese Fasten ist die Vorbereitung zu der öffentlichen Lehrthätigkeit Christi, der Anfang seines Erlöserwerkes. — Der Dichter scheint also nichts von jener anderen legendarischen Vorstellung zu wissen, dass der Rock mit dem wachsenden Christus auch grösser wurde; s. unten.

Der heil. Rock in Trier ist purpurfarben, nicht grau; Gildemeister und Sybel, Der heil. Rock von Trier 1² 5. Aber vor 1512 konnte Niemand wissen, wie er aussah. Man darf also daraus allein nicht schliessen, dass der Dichter kein Trierer gewesen sei; Singer, Anzeiger für deutsches Alterthum XVII 124. Die Annahme, er sei grau gewesen, kann auf der Vorstellung von der Armuth Christi beruhen, wozu auch die Form passte, welche die Angabe, er sei aus einem Stücke gewebt worden, erwecken musste: ein Rock ohne einen Geren, ohne Zwickel, 2597, während Ises Herzogsrock drei, Bridens Königsrock vier goldene

Geren hat, 2302. 2052; s. Berger zu 2052. — Vor seiner Erhebung trägt Ise auch einen grauen Rock, 2270. Baudouin de Sebourg erhält von dem Schuster, der ihn aufgenommen, Schuhe und eine *cote grise*, Bd. I, S. 336, mit denselben Stücken verkleidet sich Morolf, 701, 4, und Iwein, der sich für einen Spielmann ausgibt und seinen getreuen Löwen Kunststücke machen lässt, legt auch einen grauen Rock an, im Ritter mit dem Aermel, Roman van Lancelot, ed. Jonckbloet, II. Band, III. Buch, 17975, s. Berger, S. 159, zu 930. — Es ist also gar kein Grund vorhanden, mit Berger XCIII in den beiden grauen Röcken, dem heiligen Orendels und dem gewöhnlichen Ises, die Spur einer verlorenen Darstellung zu sehen, nach welcher Ise dem Fremden die Hälfte seines Rockes gegeben habe.

Kaiserin Helena ist nach unserem Dichter eine Zeitgenossin Christi und webt den heil. Rock. Ihre Versetzung ins 1. Jahrhundert findet sich auch im Toledoth Jeschu (Ende des 13. Jahrhunderts), s. Creizenach, Paul-Braune's Beiträge II, 188, im Seghelijn von Jerusalem und in dem Prolog zu einer Turiner Vengeance, s. unten, und erklärt sich durch eine Verwechselung der Kaiserin Helena mit der in Jerusalem begrabenen Königin Helena von Adiabene, wie Gildemeister und Sybel, Der heil. Rock von Trier I[2], 106 f. und Lipsius, Die edessenische Abgarsage 86 f. gezeigt haben. Aber schon Almannus von Haut-Villiers, c. 880, hat die Kaiserin Helena mit Helene von Adiabene, sowie mit der trojanischen Helena verglichen, Acta Sanctorum Boll. 18. August 592[b]. 581[a]. 583[a]. In Bezug auf letztere wirft er die Frage auf, ob die Kaiserin vielleicht von ihr abstamme, 583[a].

So wie der ungenannte alte Jude von Herodes den Rock Christi als Lohn für seine Dienste, so erbittet nach dem Evangelium Nicodemi Joseph von Arimathia von Pilatus den Leib Christi. Das steht dem Gedicht näher als das aus dem wirklichen Leben stammende, von Berger CII angezogene Motiv eines Spielmanns, der um abgelegte Kleider bittet.

Der steinerne Sarg, in welchen der Rock gelegt wird, 80, und später in Trier, 3177, stammt wohl aus der *arca marmorea* in Zaphat, die schon bei Fredegar als Behältniss des heil. Rockes angegeben wird; Gildemeister und Sybel, Der heil. Rock I[2] 37. 112.

So wie der Rock Christi hier zweimal ins Meer geworfen wird, so geschieht dies auch nach verschiedenen legendarischen Ueberlieferungen mit Bildern und Blutpartikeln Christi. Die Reliquien sollen dadurch an einen bestimmten Ort, den ihrer späteren Verehrung gelangen. Siehe meine Abhandlung über die französischen Gralromane, 37. 40 f.

Die unvergänglichen Blutflecken des Rockes — s. auch 638 *und hât in der fisch nâch dem pluot verslunden* — erinnern an andere immer blutende Reliquien Christi und anderer Heiligen, die heil. Lanze, Geissel, die heil. Nägel u. s. w. Siehe die genannte Abhandlung, S. 10.

Da nach der Chronologie des Gedichtes nur zweimal acht Jahre nach Christi Tod verflossen sind, bis der Rock sich in dem von Orendel gefangenen Walfisch findet, 630 f., so ist es kein Wunder, dass die prosaische Vorrede des alten Heldenbuches Orendel den ersten, d. i. ältesten Helden nennt. Alle Begebenheiten des Gedichtes mit ihrem Kreuzzugscostüm fallen in das 1. Jahrhundert nach Christus. Da kann es weiter nicht auffallen, dass Bride die Tochter des biblischen Königs David ist und Helena Christi Rock gewebt hat; s. oben, S. 12. Im Gedicht von Salman und Morolf herrschen ähnliche Zeitvorstellungen. Salman ist der biblische Salomon, aber sein Reich ist christlich, 4, 2. 14, 1. 284, auch ihm dienen Templer 488, 4. 561, 4, Ulrichs von Eschenbach Wilhelm von Wenden spielt in christlichen Urzeiten, gleichwohl ist Jerusalem und das heil. Grab im Besitze der Christen, wird von den Heiden angegriffen, 4533 ff., und auch Templeisen kommen vor, 3586. In der portugiesischen Demanda do Graal ist König Priamus von Troja ein Zeitgenosse Josephs von Arimathia; s. meine Abhandlung über die französischen Gralromane, S. 154. 168, und unten bei der Turiner Vengeance.

Es ist deshalb wohl begreiflich, nicht auffällig, wie Berger meint, CXI, wenn der Dichter des Orendel sich die Nachbarn von Trier heidnisch vorstellt; 2549. 3094.

Andererseits wird aber David im Anschluss an die synchronistischen Darstellungen der Weltchroniken — s. Gottfried von Viterbo, Pantheon bei Pistorius II 116. 119, und deutsche Weltchroniken, auf welche mich Carl Kraus verweist, Cgm. 55, fol. 4ᵃ ᵇ, Cgm. 5 (Enenkel), fol. 152ᵃ, Cgm. 696 (Guido von

Columna) fol. 6ᵃ — in die Zeit des trojanischen Krieges versetzt. So wieder im Salman und Morolf, wo er mit seinen Surianen diesen Krieg mitgemacht und vor Troja das Saitenspiel erfunden hat, 468, 3. 755, 1. — Nach anderen Berichten wurde das Schachspiel von den Griechen vor Troja erfunden; Wackernagel, Kleine Schriften I 114 f., Strauch zu Enikels Weltchronik 14479, wozu Carl Kraus eine Parallele aus der erwähnten deutschen Weltchronik beibringt, Cgm. 696, fol. 6ᵃ, *ez ward auch zu troy zum ersten erfunden schachzabel, bretspil und ander spil.* — Nach dem Trojanerkrieg des Hermoniakos aus dem 14. Jahrhundert, Le Grand Bibliothèque grecque vulgaire V 371, Krumbacher, Geschichte der byzantinischen Litteratur, 429, hätten sich die Trojaner an den Propheten David um Hilfe gewandt, wären aber von ihm als Heiden abgewiesen worden. — Ueber eine Verwerthung dieser Chronologie s. unten.

Zu II. Der Name *Ôrentil*, in der althochdeutschen Periode bis ins 12. Jahrhundert ziemlich häufig — s. Förstemann, Namenbuch I 184, II 157, Wöber, Die Skiren 206, der auf die bairischen Grafen Orendil im Gau *ad Isina* verweist, Acta Tirolensia I im Register, veraltet später. Bemerkenswerth ist, dass John Meyer in seinen Studien keinen Orendel in rheinischen Urkunden des späteren Mittelalters gefunden hat, Paul-Braune's Beiträge XVI 81 ff. Doch gab es die Localitäten *Orendileshûs*, Förstemann II 157, im Grabfeld, Orendelstein und Orendelsall, jetzt gesprochen Rendelstein, -sal, letzteres ein Dorf in der Grafschaft Hohenlohe, jetzt würtembergischer Jaxtkreis bei Oehringen, ersteres in Oehringen selbst, s. Keller, Vicus Aurelii oder Oehringen zur Zeit der Römer 15. 29. 35, und die Erinnerung an einen Heiligen Namens Orendel, s. Zeitschrift für deutsches Alterthum VII 558, auf den jenes Orendelsall bezogen wird. Unmittelbar neben Orendelsall liegt ein Eigel- oder Eichelberg, Keller 37, vgl. die Eigelsteine, Keller 38. Dadurch erklärt sich vielleicht die Zusammenstellung von Ougel, Öugel und Orendel als Vater und Sohn, wie möglicherweise die Orendel *ad Isina* Anlass zu dem Namen Ise für Orendels Diener gegeben haben.

Da der heil. Orendel Ohrenleidenden helfen soll, Zeitschrift VII 558, so war die Aussprache in späterer Zeit vielleicht Orṇdèl. Aber sicher ist der Schluss nicht. Gottfried von Strassburg leitet *Engellant* von *Gales* ab 433 f. (12, 35 f.). Die Seltenheit des Namens berechtigt natürlich nicht, den Orendel des Gedichtes mit einem mythischen Aurvandill zu identificiren, von dem die Snorraedda im Skaldskaparmal c. 17 eine Geschichte erzählt, die in nichts an das deutsche Gedicht erinnert. Thorr erzählt Groa, der Gattin Aurvandills, dass er ihren Mann in einem Korbe von den Elivagar hergetragen und dabei eine erfrorene Zehe desselben abgebrochen und an den Himmel geworfen habe — vgl. die Geschichte von Thorsteinn Boejarmagn FMS. III 184 — das sei der Stern Aurvandills Zehe; s. Thiazis Augen, Rögnis Wagen, Friggerocken; Mogk in Paul's Grundriss I 1103. Und auch bei den Angelsachsen hiess ein Stern, und zwar der Morgenstern Earendel, Cynewulfs Crist 104, wo der Dichter Christus als Earendel anspricht, offenbar in Nachahmung des Ambrosianischen Hymnus *Deus qui caeli lumen es* u. s. w., in dem der Vers vorkommt *Typusque Christi Lucifer*, Daniel, Thesaurus hymnologicus I 65, oder einer ähnlichen der lateinischen Kirchenpoesie; s. Wilmanns Ezzos Gesang von den Wundern Christi 13. In diesem selbst wird aber Johannes der Täufer mit dem Morgenstern verglichen, Str. 6 (8). Für das Appellativum *earendil, oerendil* ist angelsächsisch die Bedeutung *jubar* durch die Epinal-Erfurter Glossen bezeugt, Sweet, Oldest English Texts 72. Ueber die Etymologie handelt Müllenhoff in der Alterthumskunde I² 32 ff. und 498, Kluge in Paul's Grundriss I 939, Wrede in der Sprache der Ostgothen 112 f.

Der Name *Bride* kommt auch im ‚Seifried Helbling‘ vor, I 1296 ed. Seemüller, als der einer Dienerin, und in zwei Strassburger Urkunden des 14. Jahrhunderts, bei John Meyer in Paul-Braune's Beiträgen XVI 86. Einzeldruck S. 23, und ist hier gewiss aus Brigida entstanden, wofür gegenwärtig im Elsass Bryd herrscht, wie von der Hagen, Der ungenähte Rock Christi XXI. Anm. sagt. In den alten Drucken des Heldenbuches, wo allerdings auch Orendel *Erzthelle* genannt wird, heisst Bride in der That Brigida; s. Keller's Ausgabe, S. 1, und Brigida war seit dem 8. Jahrhundert deutscher Frauenname, wie sich aus Förstemann's Namenbuch I 282 ergibt. Welche Heilige dieses Namens gemeint war, ist unsicher. In Stadler's Heiligenlexikon sind zehn heil. Brigida, fünf heil. Brigitta aufgezählt, dazu kommt noch die spätere heil. Birgitta von Schweden. Eine nähere Beziehung zu einer dieser Heiligen, welche Berger LXXXVII annimmt, wird von Vogt 474 mit Recht bestritten, ebensowenig bedeutet der Name ‚die Glänzende', was noch Beer 111 und Berger LXXXV sagen. S. Thurneysen, Kuhn's Zeitschrift XXVIII 146. — Aber als Name unserer Königin hat er vielleicht doch anderen Ursprung, hat sich nur zufällig dem aus Brigida entstandenen angeglichen oder ist ihm absichtlich gleich gemacht worden; s. unten über Prides im Seghelijn.

Der Dichter schildert das Reich Bridens allerdings als ein christliches, s. oben, S. 13, aber auch Heiden dienen ihr; s. 223. 1428 f. 1434 *iuwer heidenische kneht*. Das kann sowohl auf Erinnerung an zeitweise freundlich-nachbarliche Verhältnisse des christlichen Reiches von Jerusalem mit den Sarazenen beruhen — s. z. B. das Bündniss der Christen mit dem Sultan von Emessa und David von Krak, 1244, Wilken, Kreuzzüge III 627. 641 — als auf einer unklaren Vorstellung des Dichters von den wirklichen Zuständen Palästinas im 1. Jahrhundert nach Christus.

Die undeutliche Erzählung von dem Aufruf der Vasallen durch Orendel 287 ff. hat Vogt 475, Anm., wie ich glaube, richtig gedeutet.

Hier, 244. 349, ist das *Weterische mer* offenbar die Nordsee, aber 1707 ein Theil des mittelländischen Meeres. Ebenso wird wahrscheinlich das wilde Klebermeer 366. 390 wie sonst das Lebermeer im Norden gedacht, 1716, aber auch als Theil des mittelländischen Meeres; s. Bartsch, Herzog Ernst CXLV. Das weterische Meer könnte aus dem norddeutschen Epos stammen, s. die Wedbergeatas des Beowulf, und auf Väderöe und den Väderöarne in der Ostsee beruhen; Grein in Ebert's Jahrbuch für romanische und englische Philologie IV 262.

Das zweimalige Beladen der Schiffe ist von Vogt 488 f. gewiss richtig durch Beziehung zuerst auf die Fluss-, dann die Meerschiffe erklärt worden. Eine kleine *galîe*, welche auf hoher See den Verkehr zwischen den grossen Schiffen vermittelt, wird auch 2924 erwähnt.

Historische Beispiele aus den Jahren 1147. 1188. 1190 von Fahrten rheinischer Pilger über die Nordsee nach dem heiligen Lande haben Berger LX und Vogt 484 gesammelt. Ich erinnere noch an die bekannte Fahrt friesischer Pilger, welche 1217 von Vlardingen an der Maasmündung ausfuhren, wobei ein Schiff *de Munheim* an der englischen Küste Schiffbruch litt; Pertz, Scriptores XVII 829, Wilcken, Kreuzzüge VI 163 f., Zimmer, Zeitschrift für französische Sprache und Litteratur XIII 2. Martin, Kudrun, Kleine Ausgabe XXI.

Wo sich der Dichter das wüste Babylonien, das auch im Rother vorkommt 2644, dachte, ist nicht klar. Aber es liegt am Meer, ebenso die Stadt Alzit, die zu diesem Reiche gehört, 2636 f. Also wird der Name sich ursprünglich wohl auf das egyptische Babylon beziehen.

Der auch sonst häufige Name Belian, Pelian, s. Berger LX. ist gewiss derselbe wie Baligant im Rolandslied, ebenso wie der Name Mersilian, welcher wie der Belians im Wolfdietrich vorkommt, dem Marsilies des Rolandsliedes entspricht. Mit Marseille, wie Müller meint 173, hat er nichts zu thun. Siehe Marcilius im Milstädter Nekrolog, Archiv für österreichische Geschichte LXXVII 311; Singer, Anzeiger für deutsches Alterthum XVII 124 und meine Abhandlung über die ostgothische Heldensage 79. 88. Der Name muss in Frankreich als Taufname beliebt gewesen sein: er erscheint nicht selten als Balian bei Personen der Kreuzzüge; s. Sepp, Jerusalem II 612, — Balian von Ibelin hiess der Mann Marias, der Witwe Balduins IV., Wilcken, Kreuzzüge II 616, III 271, ein Balian von Rama wird erwähnt III 210.

Singer macht mich darauf aufmerksam, dass man den hier 405 erwähnten Belian von dem späteren, 1839. 1928. 2009, scheiden müsse. Dieser kommt aus der Wüste Ascalon, *üz der wüesten Schalunge*, 1836, jener ist ein König der Wüste Babylon, 400. Das war auch die Meinung der Prosa, welche aber diesen König Belian von Babylon, der später in Gesellschaft Durians Orendel bekriegt, 2539, für einen Nachfolger König Belians von Babylon erklärt; Berger XXII f. Ebenso kennt das Gedicht zwei Durian, den getauften Diener Bridens, 2384. 3786. 3816. 3820, und den heidnischen König Durian, 2541. 2668. 2690. 2782.

Zu II. III. Dass Bettler und bettelhaft aussehende Menschen besonders von Leuten niederen Standes, hier dem Fischer Ise, leicht für verdächtig gehalten werden, ist eine tägliche Erfahrung und keine alberne Erfindung des Spielmannes, wie Berger meint, XCIII. CVIII.

Das Eingraben des Schiffbrüchigen in den Sand und die Bedeckung der Scham durch einen Zweig stammt wohl indirect aus der Odyssee; s. Anzeiger für deutsches Alterthum IX 256. Bei der ungemeinen Verbreitung der Odysseusgeschichte durch ganz Europa, s. Nyrop, Sagnet om Odysseus og Polyphem, Kopenhagen 1881, ist es nicht nöthig, an eine vollständigere Fassung des Apolloniusromanes zu denken, Berger, S. XCII, in dem diese Züge nicht vorkommen. Der nackte Wigalois, der sich vor einer Dame mit Moos und Gras bedeckt 15315, gehört vielleicht auch hieher, und gewiss wegen des Folgenden der nackte Egill, der sich am Strand mit Moos bedeckt und erwärmt, FAS. III 383; s. unten S. 19.

Der Apolloniusroman stimmt durch die Reihenfolge von Einzelheiten am genauesten zu Orendel, Schiffbruch, Verlust der Gefährten, Rettung auf einer Diele, Klage, Erscheinen des Fischers, der Held erhält durch den Fischer einen Mantel, begibt sich von ihm weg in die Residenz, macht dort sein Glück durch Heirat mit der Prinzessin und belohnt den Fischer königlich; Berger XC ff. — Aber die Rettung des Schiffbrüchigen durch einen Fischer findet sich auch sonst im griechischen Roman; s. Rohde, Der griechische Roman 413. 421, und in Ableitungen davon, so im Jourdain de Blaivies, der auf dem Apollonius beruht, 1296, C. Hofmann, Sitzungsberichte der philologisch-historischen Classe der Münchener Akademie, 1871, 433 f. Hahn, Neugriechische Märchen IV 50, Anzeiger für deutsches Alterthum IX 255, Kinzel zu Lambrecht's Alexander 1403.

In anderer Weise sehr ähnlich ist eine Episode im Baudouin de Sebourg, wo der Held, der spätere König von Jerusalem, in hilfloser Lage, aber nicht schiffbrüchig, von einem Schuhflicker aufgenommen wird, der ihm allerdings mehr im Scherz zumuthet, sein Gewerbe zu lernen. Er gibt dem armen Ritter Unterhalt und beschenkt ihn mit Schuhen und einem grauen Rock, s. oben S. 12, für den er durch die Freunde

Baudouins reichen Ersatz erhält, und wird dann von Baudouin in überschwänglicher Weise belohnt, indem er die Königswürde von Baudas und die Aufsicht über die Reliquien der heil. Lanze und der drei Nägel erhält, Bd. I. S. 334. 344. 351. Er wird *Pauvre pourvu* genannt und spielt in seinem neuen Ritterthum eine komische Rolle, Bd. I, S. 376 ff. Nach der Histoire littéraire XXV 570 stammt die Idee dieses guten Schusters aus Marco Polo.

Ueber Parallelen, welche Rettung und Dienstbarkeit wirklich vereinen, s. gleich unten S. 19 f.

Dass ein Schiffbrüchiger wie Orendel sich Isen als Knecht anbietet, 545, ist sehr begreiflich. Man kann das Anerbieten geradezu als eine Aufforderung ansehen, das Strandrecht auszuüben, wenn auch Orendel wahrscheinlich sich nicht als Sclaven, nur als freien Diener und Knecht anbietet; s. unten. Ueber das Strandrecht im Mittelalter s. Brunner, Deutsche Rechtsgeschichte I 273, Raumer, Hohenstaufen 383, Beispiele in der Litteratur bieten die Kaiserchronik ed. Diemer 44, 31 ff., die Faustinianlegende, Du Méril, Poésies populaires latines 362, Fleck, Anecdota sacra, 209, Schönbach im Anzeiger für deutsches Alterthum II 187. 206, Hertz, Spielmannsbuch 368, — und schon Tacitus Agricola c. 28 von den Usipeten. In der Egilssaga ok Asmundar FAS. III 383, stellt ein Riese Egill, der beim Schwimmen durch ein Unwetter verschlagen worden ist, die Wahl, entweder getödtet zu werden oder bei ihm die Ziegen zu hüten. An germanische Mythologie hiebei mit Beer 35 ff., Berger LXXXIX. XCIII zu denken ist schon deshalb kein Grund, weil, wie Berger bei Beer S. 35 Anm. und in der Ausgabe LXXXI gezeigt hat, die verwandten Erzählungen der Heimkehrgruppe, in denen das Motiv der Knechtschaft sich findet, orientalischen Ursprungs sind. Auch kann man keineswegs, wenn die Geschichte nicht mythisch ist, als das Nächstliegende erwarten, dass Orendel sich als König von Trier zu erkennen gebe, wie Berger meint XCIII, CVIII. Was wusste Ise von einem solchen, wie hätte er ihm glauben sollen? Sein Misstrauen gegen den nackten Fremdling wäre durch eine solche Angabe desselben noch verstärkt, ebenso die Schande Orendels vermehrt worden. Denn auch Scham konnte nach des Dichters Meinung Orendel bestimmen, seinen Namen zu verheimlichen: vor Kurzem noch ein mächtiger König an der Spitze eines

Heeres, jetzt ein nackter Schiffbrüchiger. Die Schiffbrüchigen der Faustinianlegende, Kaiser, Kaiserin und zwei Prinzen, Kaiserchronik ed. Diemer 44, 34 ff., 49, 33 ff., 53, 30 ff., Jourdain de Blaivie 1306 ff., Baudouin de Sebourg, s. oben S. 18, Beuves de Hanstone, da er als Sclave verkauft wird, Wiener Handschrift fol. 27ᵃ ff., Johannes und Salomon in den gleich anzuführenden Sagen nennen sich auch nicht demjenigen, der sie im Elend aufgenommen und gerettet hat. Apollonius von Tyrus allerdings thut es, c. XII.

Rettung von Schiffbruch und Dienstbarkeit scheint typisch zu sein, die Analogie der Faustinianlegende hat bereits Berger angezogen XC, wo der Fall dreimal vorkommt. Aehnlich ist aber auch ein Abenteuer, welches vom Apostel Johannes erzählt wird, Acta Johannis ed. Zahn 1880, S. 14 ff., Wright, Apocryphal Arts of the Apostles 1872, II. Der Apostel leidet Schiffbruch, schwimmt 40 Tage umher, kommt endlich in eine Stadt, wo er in die Dienste eines Badewirthes tritt. Der Wirth fragt ihn, warum er sich für seinen Lohn weder Schuhe noch Rock kaufe, und erbietet sich, es für ihn zu thun. Doch Johannes erklärt, er sei der Knecht eines Herrn, der verboten habe, dass man Gold, Silber, Erz in der Börse oder zwei Röcke habe. Darauf fürchtet der Badewirth, dass der frühere Herr seines Knechtes ihn zurückfordern werde, und schickt ihn fort. Dieser Badewirth hatte eine böse Frau Romana, welche sogar in den Krieg zieht, wo sie Steine wirft.

Eine orientalische Parallele aus 1001 Nacht hat Berger angeführt LXXI, s. Beer 35. Aboulfaouris leidet Schiffbruch und wird Erdgeistern dienstbar, das Fernere gehört dem Typus der Geschichte von Heinrich dem Löwen an.

Nicht mit Schiffbruch, aber einer anderen hilflosen Lage ist Dienstbarkeit verbunden in den Erzählungen von Baudouin de Sebourg, oben S. 18, und von Salomo, der von einem Djinn seines Ringes beraubt wird. Der Djinn gilt dadurch für Salomo und dieser geräth ins äusserste Elend. Da verdingt er sich einem Fischer als Knecht und findet seinen Ring wieder im Magen eines Fisches; Weil, Biblische Legenden der Muselmänner 271. Ueber die ganze Sage s. Beer 100f.

Auch die Geschichte vom Grafen von Calw gehört wohl hieher, Beer 38f.

Von einem Fischer aufgezogen wird auch das verlassene, in einem Schiffe ausgesetzte Kind Beuves und Josianens, Wiener Handschrift Fol. 213ª, und bei einem Fischer wächst der ausgesetzte Seghelijn auf; s. unten. So wie hier Ise erst 554 genannt wird, nachdem er schon lange auf der Scene ist, so auch Belian 2009, König Durian 2782. Die letzteren beiden waren allerdings schon 1839, 1928 und 2541. 2668. 2690, aber in der Scene, zu welcher 2009 und 2782 gehört, noch nicht. — Wie häufig diese Kunstform im Altdeutschen und Altfranzösischen vorkommt, ist bekannt, Anzeiger für deutsches Alterthum VIII 205, X 225. Aber sie wird wohl nirgends fehlen; in den apokryphen Acta Johannis ed. Zahn 1880, z. B. ist die Badewirthin schon lange auf der Scene, bevor es S. 15 heisst καὶ εἶπεν ἡ 'Ρωμάνα, oder in Goethes Wanderjahren, Stuttgart, Cotta, 1872, S. 287. 290 (Odoard), 296 (Lelio).

Der glückliche Fischzug Orendels in Ises Dienst ist dem evangelischen nachgebildet; Lucas 5, 4, Matthäus 17, 23. S. auch den Fischzug Ises im Wiener Oswald, Zeitschrift für deutsches Alterthum II, V. 693.

Der Name Ise, *Iso*, ist althochdeutsch nicht selten — als Deminutiv für *Hisenbert* weist ihm Stark nach, Kosenamen 40, — s. auch *Isi, Isin* Pertz, SS. III 79, 811, — später kann ich ihn nicht belegen, was aber nichts beweist, da die Namen des späteren Mittelalters noch nicht gesammelt sind. Förstemann vermuthet Ise in dem gegenwärtig so häufigen Namen Heyse. S. o. S. 14.

Der Reichthum Ises, seine vielthürmige Burg, zu welcher der Ausdruck *clûse* 588 keinen Gegensatz bildet, wie Berger meint LXXIII. CX Anm., da einmal der Wortlaut die Auslegung erlaubt, dass die Burg in einer Klause gelegen war: *si kêrten gegen der klûsen gegen der selben fischers hûse*, wie in Pleier's Meleranz 4533 *sô komt ir zeiner klûse, dar inne ist mit hûse ein man, der ist vil raeze*, und zweitens auch eine Burg *clûse* genannt werden kann, wenn dies der Oertlichkeit entspricht, s. Pleier's Tandarois 11087 *gên sîner bürge, diu was genant zer Muntaniclûs*,[1] 11109, — sein grosser Hausstand, seine zwei Söhne, die vor ihm Herzöge sind 2931, sein ritterlicher Oheim

---

[1] Dass diese Klause aus Wolframs Parzival stammt, 383 24, hat Rosenhagen gesehen, Untersuchungen über Daniel vom blühenden Thal 65 Anm.

Achilles 3488, während er daneben doch lebt und sich benimmt wie ein kleiner Gewerbsmann, — er fischt allein, 511, hält den grauen Rock für das Kleid eines Grafen oder Herzogs, 634 ff., er lässt Orendel durch Wochen nackt gehen, bekleidet ihn dann auf das Dürftigste, verkauft den grauen Rock, allerdings durch einen Diener, auf dem Markt, 728 ff., ärgert sich dann darüber, dass er ihn zu wohlfeil weggegeben, 758 ff., trägt selbst einen grauen Rock und das Ruder an der Hand, als er zu Hofe geht, 2270 f., — Alles das ist uns auffällig. Aber einmal ist die Neigung der alten Poesie zur Verschönerung im Sinn des Luxus zu beachten. Wie hat Konrad von Fussesbrunnen den Haushalt des guten Räubers ausgemalt, sogar Truchsessen und Schenken ihm zugeschrieben, blos weil die apokryphe Quelle sagt, dass er ein Wirthshaus gehalten habe. Wie stattlich ist das Haus des Fährmanns von Crestien in seinem Perceval geschildert 8834 — es ist gut für einen Grafen, hat eine *torielle* 8863 — ebenso in Wolframs Parzival 544, 17. Im Gaufrey 278 wird der tapfere Frommer *li pescheor baron* genannt, im Seghelijn der Fischer *degen coene*, die Fischerin *scone vrouwe* 731. 772. Eine grosse Mühle, die wie ein Schloss gegen eine Belagerung ritterlich vertheidigt wird, kommt im Durmart le Gallois vor, 10897.

Dazu mag noch ein Umstand kommen. In den nördlichen Meeren gab es, worauf mich Collega Inama-Sternegg aufmerksam macht, im Mittelalter eine Art Grossbetrieb der Fischerei, s. Chr. J. Fischer, Geschichte des teutschen Handels I[2] 690. Der Fang des Walfisches und des Störs war mitunter Regal 691, oder es bildeten sich Fischereigesellschaften mit gleichvertheiltem Gewinnst, Weinhold, Altnordisches Leben, 1856, 71 f. In dem wälschen Märchen von der Auffindung Taliesins lebt ein vornehmer Mann, Gwyddno, nur von dem Ertrag eines Wehrs, der ihm jeden Maiabend für hundert Pfund Fische einbringt, Guest, The Mabinogion III 359. Hübner weist eine römische Genossenschaft nach, welche die Fischerei in den Seen und Watten Frieslands gepachtet hatte, Römische Herrschaft in Westeuropa 146.

Der Dichter oder seine Quelle mag von diesen Verhältnissen erfahren und sie auf einen Fischer des mittelländischen Meeres inconsequent übertragen haben. Dass der Dichter Vorstellungen von den nördlichen Meeren benutzte, sieht man schon aus der Erwähnung des Walfisches, der den heil. Rock verschlungen hat. Freilich lässt der Binnenländer ihn im Netz fangen! Die oben S. 21 genannten vornehmen Verwandtschaften Ises verrathen aber wohl, einmal dass die directe oder indirecte Quelle des Dichters mehr von seiner Familie zu erzählen wusste, als dieser mitzutheilen für gut fand, ferner dass wahrscheinlich von Haus aus Ises Lebensstellung eine andere, höhere war als die eines Fischers, dass er vielleicht ebenso wie Achille, 3420, mit König David in ein Zerwürfniss gerieth und so Fischer zu werden genöthigt wurde wie jener Pförtner, 3405.

Es ist also nicht berechtigt, mit Müllenhoff, S. 36, aus dieser gesellschaftlichen Stellung und dem Reichthum Ises den Schluss zu ziehen, dass er einmal eine Art Dämonenfürst, ein deutscher Hymir gewesen sei, auch kein Meergott, in dessen Haus Orendel dadurch kommt, dass er im Meer ertrinkt, oder ein Repräsentant der normannischen Seefahrer, wie Müller meint, 166. 172 f. 175.

Mit etwas mehr Anschein könnte man Ise für Jesus Christus erklären. Denn da käme zu der problematischen Analogie, dass auch Christus ein Fischer war, s. meine Abhandlung Ueber die französischen Gralromane S. 95 f., und zugleich ein Fürst, noch die Aehnlichkeit des Namens hinzu. Denn Isus, Isa, Isua, Isu lautet der Name bei Griechen, Arabern, Gerock, Versuch einer Darstellung der Christologie des Korans 87, Hofmann, Leben Jesu 329, Rösch, Theologische Studien und Kritiken 1876, 446. 450 f., Index zu Assemani Bibliotheca Orientalis vaticana I. — Slaven und Kelten, Zimmer, Zeitschrift für deutsches Alterthum XXXV 167, — er hat Diener, die ebenfalls Fischer sind, die Apostel, — er veranlasst einen reichen Fischzug, — er hat den heil. Rock, — er lebte in und bei Jerusalem. Stephan, wie ein Sohn Ises heisst, Elisabeth, der Name seiner Mutter, weisen auch auf die Christusgeschichte. Man könnte sogar, wie mir Singer sagt, in dem blutigen Rock, den der Fisch verschlingt, die bekannte Köderung des Leviathan-Satan durch den Leib Christi sehen. — Aehnlichkeit mit Ise hat auch der ‚reiche Fischer‘, der ‚Fischerkönig‘ der Gralsage, Bron oder Alain, der den berühmten Fischzug gethan, der Besitzer einer Christusreliquie, die, wie der Rock in der kirchlichen Legende und im Orendel, vor Verurtheilung und in der Schlacht schützt. — Die Reliquie der Gralromane, die Schüssel, ist wie der Rock für geleistete Dienste geschenkt oder zugedacht worden, Joseph für das Begräbniss Christi, Orendel für die Dienste, die er Isen als Knecht geleistet.

Es ist aber auch kein Grund vorhanden, mit Berger LXXIII. CX den Reichthum Ises für eine spätere Zuthat zu halten, gemacht zu dem Zwecke, die Erhebung Ises zum Herzog verständlicher erscheinen zu lassen, und noch weniger mit Vogt 488 die Verse 588—627, die Schilderung von Ises stattlicher Häuslichkeit, für eine Interpolation zu erklären, denn es bliebe dort noch immer seine vornehme Verwandtschaft. Gegen Berger's Annahme spricht auch, dass der Dichter sich dann selbst um einen starken Effect gebracht hatte: Erhebung von Niedrigkeit zu Glanz und Hoheit.

Ebensowenig als Ises Reichthum weist sein Aussehen auf dämonische Natur; er ist kein Riese, wie Berger LXXXIX. XCIII annimmt. Das würde doch der Dichter sagen, wie er es von den Riesen Mentwin, Liberian, Belian sagt. Eine Spanne zwischen den Augen 2274. 3000 wird auch Menschen zugeschrieben; s. Müller 162 f. Ich füge noch hinzu Aliscans S. 12 (Haucebiers), Aspremont 33[a] (der edle Heide Hiamon), Garin ed. P. Paris 2, 153 und Mone 222 (Rigaut, ein Sohn des tapfern Villain Rigaut), Hucher, Le Saint Graal I 453 (eine ungestalte Frau), Heinrich von dem Thürlein Krone 968 (sogar ein Zwerg). Vgl. *vera nyótt á milli augnanna* im Neuisländischen, Vigfusson unter *auga*.

Ein Beispiel des häufigen Motivs von einer wichtigen Sache, die im Magen eines Fisches gefunden wird — s. u. a. Wiener Oswald, Zeitschrift für deutsches Alterthum II, V. 700. Berger in Paul-Braunes Beiträgen XI 448 — hat besondere Aehnlichkeit mit unserer Episode. Es ist die oben S. 20 angezogene von Salomo.

Nachdem Orendel eine Hose, grobe Schuhe und einen Schiffermantel erhalten, sagt der Dichter 665 *Dô noch (dennocht* D) *sach man den ellenden man în den grâwen rock nacket stân. Nacket* steht keineswegs im Widerspruch zu dem Vorhergehenden und deutet keine Interpolation an, wie Vogt 487 und Berger LV annehmen: *ân den grâwen roc nacket* ist soviel als *tunica cana privatus, sine tunica*. S. *nackent sunder kleit, sunder waete* Mittelhochdeutsches Wörterbuch II 295[b] und Ettmüller zu Frauenlob 216, 7 *blôz al âne schilt*.

Die Beschenkung des nackten oder durchnässten Schiffbrüchigen mit Kleidern ist eine selbstverständliche Sache; gleichwohl mag daran erinnert werden, dass sie im Apollonius und Faustinian auch vorkommt; Berger XC. XCII f. Im Faustinian finden sich alle Züge, Schiffbruch, Beschenkung mit einem Kleid und Dienstbarkeit neben einander wie hier. — Ohne Schiffbruch ist die Beschenkung des hilflosen Helden mit Kleidern oben S. 18, aus der Geschichte Baudouin de Sebourg's angeführt.

Eine leichte Ungenauigkeit ist es, wenn hier 660 ff. Orendel die alte Hose von beiden·Ehegatten erhält, während sie später 2229. 2247 als besonderes Geschenk der Fischerin bezeichnet wird. Es sind vielleicht nur die Einzelheiten der Beschenkung, wie sie sich der Dichter schon 660 ff. vorstellte, nicht aufgeführt.

Weder Ise noch Orendel wissen anfangs, dass der graue Rock der Jesu Christi ist, obwohl Ise die Blutflecken bemerkt 638. Aber er zieht nicht daraus den Schluss wie Herodes 75 und der Spielmann Tragemund 135 ff. Orendel verlangt die heil. Reliquie nur als Rock 642. 677 ff. Erst von dem Engel erfährt er, dass es der Rock Christi sei und dass er ihn trotzdem tragen dürfe, 717 ff., was Tragemund nicht gewagt hatte, zugleich dass er vor Wunden schützte. Es ist also sehr begreiflich, dass Orendel ihn anzieht und nie mehr ablegt, 1587. 1963. 2712, bis der Engel ihn in Trier dazu zwingt, und daher den Namen Graurock erhält; über die Farbe s. oben S. 11. Zugleich gewinnt der Dichter dadurch das dankbare Motiv von niedriger Kleidung und höchster ritterlicher und königlicher Würde. Gar nichts berechtigt, in diesem grauen Rock eine Erinnerung an die entstellte Erscheinung eines Helden einer mythischen Heimkehr- oder Brautfahrtsage zu denken; Berger LXXXVI. XCIII, Beer 58, XXIII 494, Vogt XXII 475, XXIII 496.

Die Wunderkraft von Christi Rock, s. auch 1282, ist eine alte Vorstellung, nur bewirkte er nach älteren Berichten zunächst Sicherheit vor Gericht, s. unten, eine zauberische Eigenschaft, die Seghelijn van Jerusalem von Geburt an eigen ist, 231 ff. Ein ungenähter Rock als Amulet erscheint in der Saga von Ragnar Lodhbroks Söhnen, c. 14, FAS. I 279 f., ein unverletzliches Hemd erhält Hotherus Saxo Grammaticus I 122, ed. Müller, während das Hemd Wolfdietrichs durch eine Reliquie des heil. Pancratius unverletzlich ist; s. Berger zu Orendel 1638, Singer, Anzeiger für deutsches Alterthum XVII 124 Anm.

Dass Ise 642 sagt, Orendel könne den Rock durch zu leistende Dienste erhalten, ihn aber dann auf dem Markte verkauft, 728 ff., dass er dann in seinem Aerger, ihn Orendel zu wohlfeil gelassen zu haben, sagt, dieser müsse ihm den guten Kauf durch gute Dienste vergelten, ihm aber den Rock, den er bereits angezogen, doch lässt, 758 ff., ist zwar nicht logisch und consequent und juristisch nicht zu rechtfertigen, aber sehr menschlich und verständlich. Die Worte Ises 758 ff. sind nur ein Ausfluss seines Aergers, nicht eine Angabe der Bedingungen, unter denen der Rock in das Eigenthum Orendels übergehen solle. Auch dass er ihm darauf Urlaub zu einer Wallfahrt gibt, ist nicht auffällig. Wenn er ihm überhaupt zu diesem Zwecke Urlaub gibt, woran nichts Wunderbares ist, da es in katholischen Ländern alle Tage geschieht, so kann ihm die Zeit ja gleichgiltig sein, wann Orendel, ob vor oder nach dem Urlaub, jene guten Dienste leiste, welche er als Entgelt für den zu wohlfeil gegebenen Rock beansprucht. Uebrigens ist es gar nicht sicher, dass der Dichter meinte, Orendel habe den Urlaub sofort begehrt, nachdem er in den Besitz des Rockes gekommen; Berger LXV und Vogt 488 sehen hier einen Widerspruch und Zeichen einer Interpolation.

Auch die Ahnung der Fischerin, dass Orendel wohl etwas Vornehmeres sein müsse, 778 f., *wie ez dir si ergangen, du maht wol ein herzog sin in dinem lande,* ist nicht unverständlich, wie Berger sagt LXIX, sondern sehr begreiflich, ebenso dass sie dies ausspricht, als er sich von ihrem Hause entfernt, sie also die Summe der Eindrücke zieht, die sie von ihm bekommen; — auch dass die Frau so etwas eher merkt als der Mann, zeugt von richtiger Beobachtung.

786 heisst es von Orendel:
*nu huob er sich aleine
ûf die breiten heide.
dô enwas nie kein man,
der gevolgen moht dem kunege lobesan.*

Vogt vermuthet 488, dass ursprünglich der graue Rock seinem Eigenthümer wunderbare Schnelligkeit verliehen habe; das habe der Dichter missverstanden und von mangelndem

Gefolge gesprochen. Ich sehe den Grund zu einer solchen Vermuthung nicht. In seiner Sehnsucht nach dem heil. Grabe ging Orendel so schnell, dass ihm kein anderer Wanderer auf der Landstrasse folgen konnte. So wie er allein vom Hause des Fischers weggegangen, so blieb er auf der Reise allein; deshalb fiel er auch den Heiden in die Hände.

Zu IV. Beim heil. Grabe angelangt, sagt Orendel 816 ff.:

Heilgez grab unsers hêren,
ich enhab nit opfers mêre
.dan min lîb und min sêle.
daz enphâch hiut, heilgez grab unsers hêren.

Das heisst, Orendel ist so blutarm, dass er nichts am heil. Grabe opfern kann, wie sonst Gebrauch, s. 3780 ff. und Herzog Ernst 5676, Bartschs Anmerkung, S. 185, nur Leib und Seele sind ihm übrig, die er demnach auch als Opfer darbringt. Er erfüllt also, was sein Vater allerdings in anderer Meinung ihm gerathen hatte, 226:

du soltest werden nimmer sô hêre,
du soltest dîn lîb und ouch dîn sêle
opfern unserm hêren, dem heiligen grab.

Der Dichter erinnert sich auch sonst früher gebrauchter Ausdrücke und Angaben. So hat Bride 3768 ff. gesagt:

kum ich nun under die porte,
rîcher künig, sô leb ân vorhte,
3770 *vil edler künig und hêre,*
sô kompt daz grab ûz dînem dienste nimmer mêre.

3845 geht sie *âne vorhte über den hof zuo der porte,* sie schlägt dem Pförtner den Kopf ab, *Die porte wart ûf getân, dar under stuond die maget lobesan.* Auf die Uebereinstimmung von V. 14 und 34 in Bezug auf die vierzigtägige Fasten ist schon S. 11 hingewiesen worden, der Preis, welchen Ise für den Rock ansetzt, bleibt fünf Schilling, Goldpfennige 641. 735, Orendel vergilt Merzian sein Ross zwölfmal 1078 ff., sich selbst Isen durch Briden auch zwölfmal, 2199. — Der Widerspruch von 1474 und 1405, ein Tag statt dreier, fällt nur der Handschrift zur Last. Allerdings die neun Jahre, durch welche nach 1809 Orendel Briden nicht berühren soll, kommen nicht heraus, ebensowenig die fünfzehn Heidenkämpfe 722. Doch ist hier wohl wie gewiss in den Zahlenangaben über die vier Schaaren des heidnischen Heeres zu je 1400 Mann die Ueberlieferung verdorben, 1661. 1713 f.

Die besprochene Stelle 816 ff. wird in ihrer Bedeutung aufgehoben durch die Prosa, welche nach 825 einen Einschub hat, in dem Orendel die von der Fischerin erhaltenen drei Goldpfennige an dem heil. Grabe opfert. Berger, S. XVI, S. 31 und Vogt 488 halten diese Stelle für echt, weil im Gedicht darauf folge, dass Orendel nichts zu essen gehabt habe, was nicht zu dem Besitz der drei Goldpfennige stimme, wenn er sie nicht geopfert habe. Aber der Dichter kann doch unschwer angenommen haben, dass er sie auf der Reise verbraucht oder an die Räuber, die ihn fingen 790 ff., verloren habe.

951 Wenn Orendel für den Fall er Ross und Waffen Merzians verlöre, sich zum Knecht anbietet, so ist das ganz natürlich: ein anderes Pfand hat er nicht. Seine Knechtschaft gegenüber Ise und Merzian gehen aus der gleichbleibenden Voraussetzung seiner gänzlich hilflosen Lage hervor. Ebenso kann er dem heil. Grabe nichts geben als sich selbst, s. oben. Dass der nackte König von dem Fischer zunächst die dürftigste Bekleidung, von dem Ritter Merzian aber Ross und Waffen erhält und dass die Vorzüge seiner Geburt sich im Hause des Fischers durch seine Schönheit oder die Hoheit seines Wesens, auf dem Turnierplatz aber durch die Uebung in ritterlichen Künsten verrathen, dass Ise und Merzian ihre Ansprüche an die Person Orendels festhalten, jener im guten Glauben, dieser aus Bosheit und Eifersucht — denn er war ja 1078 ff. überreichlich entschädigt worden — ist in der Natur der Sache gelegen, höchstens als ähnliche Ausführung zweier ähnlicher Vorgänge zu bezeichnen, eine bekannte dichterische Manier, berechtigt aber durchaus nicht, in dem zweiten Vorgang eine Dittologie der ersten zu sehen, wie das Berger thut, LXIX f.

1186 ff., werden die Templer *Suriante* genannt, also syrische Christen, aber der 2093 genannte *Suriant* ist ein Heide. Auch die Unterthanen Salomons heissen *Suriane,* Salman und Morolf 755, 1.

Die Aehnlichkeit des Kampfes zwischen Orendel und Mentwin mit dem zwischen Heime und Asprian in der Thidrekssaga c. 430 hat Singer bemerkt, Anzeiger XVII 124 Anm.

Zu dem automatischen Schmuck von Mentwins Helm hat Veselovskij in den Razyskanija vŭ oblasti russkago duchovnago sticha N. IV, 1881, abendländische und, was wichtiger ist, osteuropäische Parallelen beigebracht. Weder Mentwin noch Liberian machen Ansprüche auf Bride, auch Merzian und Sudan hoffen blos auf ihren Besitz, 912, *die zwên heidenischen man heten zuo der künegîn guoten wân*, als Freier treten sie nicht hervor. Es ist deshalb unberechtigt, wenn Berger LXXI und Anm. alle genannten als Freier Bridens bezeichnet. Als solcher wird vom Dichter nur Belian und im zweiten Theil Minold dargestellt, 3225 ff.; Wolfhart, scheint es, will sie nur besitzen, 3806 ff.

Zu IV. V. Wenn Orendel die Werbungen Brides 1150 ff., 1438 ff., 1773 ff. zuerst zurückweist und 1440 ff. leugnet, was sie durch eine Stimme Gottes weiss, dass er König Orendel sei, so liegt der Grund auf der Hand und ist schon oben S. 19 angedeutet: er schämt sich. Einst war er ein mächtiger Fürst, jetzt ist er ein armer Fremdling, nicht geeignet, sein Auge zu der Königin des Landes zu erheben. Ihr gebührte ein ganz anderer Mann, ein König, und zwar ein wirklicher, der nicht nur den Namen eines Königs führte, sondern auch Land und Leute hätte; s. V. 1777

Frouw, den spot vergeb iuch got!
ir sullent warten eines küniges zuo hand,
der dô habe liut und land.

Auch Apollonius weigert sich anfangs, vor der Prinzessin, seiner späteren Frau, seinen Namen zu sagen c. XV, ed. Riese S. 19, und Jourdain entdeckt ihn Orabiel erst, nachdem sie ihm geschworen, ihn nicht zu verrathen, V. 1579 ff.

Dass wegen der angeführten Handlungsweise Orendels und weil Bride wisse, dass der Fremdling der ihr bestimmte Gatte Orendel sei, die Brautfahrt nicht das Ursprüngliche sein könne, sondern eine Heimkehr des unkenntlichen Gatten, wie Berger S. LXX. XCV f., CVIII f. ausführt, ist eine ganz unberechtigte Annahme, wie schon Vogt gezeigt hat, 474. Nur versteht man nicht, warum Vogt zwar eine heidnische oder heroischepische Voraussicht des künftigen Gatten als möglich annimmt, nicht aber eine christliche. Im Seghelijn wird die

Heirat des Helden mit Floretten, der Tochter des Kaisers Constantin von Rom und Helenens, noch vor deren Geburt prophetisch angekündigt, 6919.

Ganz ähnlich ist die Geschichte Beuves von Hanstone, als er, von Josianen getrennt, arm, in fremdem Land mit einer geliehenen Rüstung sich in einem Turnier auszeichnet und dadurch die Aufmerksamkeit der Königin Sibylle auf sich zieht. Auch er weigert sich anfangs sie zu heiraten — allerdings hatte er einen andern Grund, die Liebe zu seiner Gattin Josiane, und als er es doch thut, berührt er sie anfangs nicht, Wiener Handschrift fol. 213 ff. — Auch die doppelte Trennung der Gatten, die Einkerkerung Josianens, die Bewahrung ihrer ehelichen Treue, ihre kriegerische Natur, den Fischer, welcher ihr Kind rettet und aufzieht, schliesslich sogar den Namen von Beuves Pferd Arundel 'junge Schwalbe', könnte man als Parallelen anführen.

Aber auch Perceval vergleicht sich Orendel. Auch er kommt in unritterlicher Kleidung zu Hof, besteht dort seine Waffenprobe, steht dann einer Dame gegen ihre Feinde bei, heiratet sie, lässt sie aber nach Manessier Jungfrau, auch nach Gerbert und Wolfram in der ersten Nacht, s. meine Abhandlung Ueber die französischen Gralromane 61. 78, auch er erhält eine christliche Reliquie, die früher ein Anderer, Bron, Alain u. s. w. wie im Orendel Ise besessen hatte, s. über diesen mit dem Rock und den 'reichen Fischer', 'Fischerkönig' mit der Schüssel oben S. 23; auch das Schwert Davids und Templer kommen in den Gralromanen wie im Orendel vor; s. o. S. 13 und u. S. 31.

Müller sieht in der Heirat Bridens mit Orendel das epische Symbol für die Eroberung des h. Landes durch die Kreuzfahrer 171. Weder hier noch sonst — s. Müller 25. 99 — ist im germanischen Epos oder überhaupt der historischen Poesie ein Land oder eine Stadt durch ein menschlich-weibliches Wesen dargestellt, das auch sonst, nicht nur in seiner Verbindung mit dem Eroberer, Mensch und Weib bliebe. Die umworbenen Städte zeigen nur den ersten Anfang der Anthropomorphisirung; s. die Litteratur bei Fränkel in Zacher's Zeitschrift für deutsche Philologie XXII 336. An sich wäre ein solcher dichterischer Process ja nicht unmöglich, aber die griechischen Beispiele, auf welche Müller sich S. 25 Anm. beruft, beweisen nichts. Nach seiner Theorie müssten doch die Entführungsgeschichten der Aegina und Cyrene genannten Nymphen auf ihr Abhängigkeitsverhältniss zu Epidaurus oder Athen, zu Sparta, Thea, Aegypten oder Rom deuten. Aber Aegina wird von Zeus nach der Insel Oenone entführt, welche dann den Namen Aegina erhält, Apollodor, Bibliothek III 12, 6, Cyrene von Apollo nach jener Landschaft, die später ihren Namen trägt; Diodor IV 81.

Zu V. Ueber den Garten Abrahams bei Jerusalem, 1523, s. die Vermuthung E. H. Meyer's, Zeitschrift für deutsches Alterthum XII 390, 510 Anm. Auch an den geschlossenen Garten Salomons könnte man denken, über den in den Archives de l'Orient latin I, 1881, Bibliographie 6^b, 61 Litteratur angegeben ist. Aber genau kommt der Ortsname nur zwischen Trient und Riva und in mythischer Sage vor; s. E. H. Meyer, Mythologie 81. 175.

Die *urteste Schulung* 1524 u. o. ist gewiss Ascalon, s. Scalun im Grafen Rudolf B^b 2, auf welche Stelle Müller 169 verweist; vgl. Wisse-Colin's Parzifal 15, 36 *Schalun = Escavalon*.

Der Riese Liberian verdankt vielleicht seinen Namen jenem Libertin in dem Gedicht von Dietrich und seinen Gesellen, über den ich in meiner Abhandlung über die ostgothische Heldensage gehandelt habe, S. 36 ff.

Das Schwert Davids, 1632. 1697, ist gewiss jenes, mit dem er Goliath erschlagen hat, I Reg. (Samuel) 21, 8. 9. 22, 10. Es spielt im Grand St. Graal eine wichtige Rolle, Hucher III 799: s. meine Abhandlung über die französischen Gralromane 24. 128. 143. 147. — Eine mythische Analogie zu der Verwahrung des Schwertes unter der Erde oder in der Lade mit drei Schlössern gibt Vogt S. 475.

Ueber David als christlichen König von Jerusalem s. oben S. 13 f. Uebrigens wurde der Name David auch von Historikern willkürlich orientalischen Herrschern beigelegt; Zarncke, Abhandlungen der sächsischen Gesellschaft der Wissenschaften, philologisch-historische Classe VIII 869, wohl mit veranlasst durch solche, die wirklich diesen Namen trugen wie David von Krak, Wilcken, Kreuzzüge III 596. 627; vgl. Reinaud de Montauban 405, 35 *li rois Thomas, cui Jherusalem apent*.

Die Gewaltthätigkeit Bridens tritt ausser an dieser Stelle, 1613, zu welcher Singer im Anzeiger XVII 124 Anm. eine Parallele beigebracht hat, auch 2439 hervor, in ihrer Züchtigung des Zwerges, und in der Absage gegen Gott und das heil. Grab, 2379, — s. Ottokars Reimchronik 49414 ff. — ihre Kriegernatur 2045 ff., 3636 ff., 3832 ff., 3912 ff. Letzterer könnte auf eine deutsche Walküre wie Ostacia weisen: es ist aber nicht nothwendig und nicht wahrscheinlich. Das französische Nationalepos ist viel reicher an kriegerischen und auch sonst gewaltthätigen Frauen, heidnischen wie christlichen, als das deutsche; s. Singer, Anzeiger für deutsches Alterthum XVII 124 Anm. Ich verweise auf Aiol 5992, Aliscans 82. 196, Beuves de Hanstone, Wiener Handschrift fol. 244[b], 247[b], 254[b], Conquête de Jérusalem 4404, Doon l'Alemans 6, Fierabras ed. Kröber und Servois 64. 67. 113. 159, Guillaume d'Orange Rennewart, Zeitschrift für deutsche Philologie XIII 279, Gute Frau 1130. — Auch die Kaiserin Helena kämpft in der Schlacht, Turiner Vengeance L, II 14 fol. 80[r] 2 ff., im Seghelijn von Jerusalem 10533; vgl. die kriegerische Badewirthin in den oben S. 20 citirten Acta Johannis.

Aber eine Riesin ist Bride nicht, wie Vogt will, 474. Sie führt allerdings eine stählerne *stange*, 2066, mit der sie einem Heiden über den Rücken schlägt, 2099, aber auch Guiborc, Zeitschrift für deutsche Philologie XIII, 279 und Josiane im Beuves de Hanstone, Wiener Handschrift fol. 244[b], kämpfen mit Stöcken, die Letztere fol. 254[b] wie Mirabel im Aiol 5992 mit einer Hacke, und sind keine Riesinnen. Ebenso wenig ist ein Riese der Matrose Fromer, der im Gaufrey kämpfend die Stange führt, 269. Sogar Wilhelm von Orange kämpft, bevor er Ritter wird, mit einer Stange, Enfances 33. 42. Einer Königin von Jerusalem, der Herrin über Christen und Heiden, der Tochter König Davids, glaubte der deutsche Dichter schon ein etwas fremdartiges Costüm geben zu können.

Nichts hindert die durch den Engel gebotene Enthaltsamkeit so aufzufassen, wie das Gedicht sie darstellt, als eine Erhöhung ihrer Gottgefälligkeit in ascetischem Sinn. Gott hat ihre Ehe geboten, damit sie zusammen sein Reich auf dieser Erde gegen die Heiden schützen, er verbietet ihnen aber eheliche Gemeinschaft, damit ihre Seelen, besonders wenn sie noch vorher in ein Kloster gehen, gleich nach dem Tode in den Himmel gelangen können, 3878 ff. Gott bedient sich der irdischen Liebe Orendels und Bridens zu seinen göttlichen

Absichten. Es zeigt sich darin eine Lebensauffassung, die dem ganzen Mittelalter eigenthümlich ist und in Uebereinstimmung steht mit dem geistlichen Stoff und der geistlichen Behandlung desselben in unserem Gedichte. Auf eine Prüfung Bridens durch Orendel, wie Berger S. XCVI meint, führt gar nichts. Uebrigens wird den Gatten nicht dreimal der Beischlaf verboten, wie Berger sagt, CIV. CX, sondern nur zweimal, am Hochzeitstage, 1803 ff., und nach Ablauf der zuerst angesetzten Frist von neun Jahren, 3868 ff. Die Stelle 2844 ff. ist nicht so aufzufassen, die Ehegatten theilen ja das Bett wie andere und bedürfen auch das Schwert nicht zu ihrer Enthaltsamkeit; s. 1832 ff., und in der Nacht finden die Engelbotschaften ja gewöhnlich statt.

Ueber die Analogie zu dieser keuschen Ehe im Beuves de Hanstone s. oben S. 30 und Berger zu V. 1818.

Zu VI. Wie hier 1941 auf die künftige Treulosigkeit der Templer hingedeutet wird, 1976 ff., so 2530 auf die der heidnischen Könige, 2896 auf die der zwei Grabhüter. — Ueber das historische an der Treulosigkeit der Templer s. oben S. 10.

Nachdem Orendel sein Geheimniss, dass er König Orendel sei, unwillkürlich verrathen, keineswegs pathetisch enthüllt hat, wie Berger sagt, CIX, huldigen ihm die Templer. Das ist ebenso begreiflich, als dass sie vorher an dem Königthum des nicht standesgemäss gekleideten Fremdlings Anstoss genommen haben, 1978 ff. Dazu kommt noch, was zur Erklärung ihres Benehmens nicht einmal nöthig wäre, die Prophezeiung, welche Bride nach 1440 durch *gotes stimme* erhalten hat, dass König Orendel sie heirathen werde, worauf sie hier 2142 *Sô hát iuch got zuo mir gesendet* anspielt. Das hat schon Vogt gegen Beer 24 Anm., 110 und Berger S. LXXI. CIX vorgebracht, S. 473 f. welche in dem Benehmen der Tempelherren einen Beweis dafür sehen, dass hier eine Heimkehrsage vorliege. Nur sagt Vogt mit Unrecht, dass die Templer vorher sogar einen Angriff auf Orendel beabsichtigten. Nach 2127 f. geben sie nur ihre frühere Theilnahmslosigkeit am Kampfe auf, da sie Bride, ihre Königin, in Gefahr sehen.

Die Prosa, Berger S. XIX, fasst die Worte Orendels 2133 ff. allerdings auch als beabsichtigte Aufklärung über seine

Person auf. Das liegt, wie gesagt, nicht in den Worten des Gedichtes, aber die Motivirung, welche die Prosa dafür gibt, dass er erst jetzt, nicht schon früher sich zu erkennen gegeben, ist ganz gut. Erst jetzt, nachdem er den Sieg über die Feinde Jerusalems errungen, sei er von Gott als Herr dieses Reiches deutlich gekennzeichnet worden; s. oben S. 29.

Zu VII. Für die richtige Auffassung der Scenen zwischen Ise und dem Königspaare ist es wichtig sich die entschiedene Vorliebe des Dichters für komische Wirkungen vor Augen zu halten, und im Einzelnen, dass Ise durchaus eine komische Figur ist, etwa wie der Mönch Ilsan im deutschen Nationalepos, noch ähnlicher aber jenen Bauern, Köhlern, Schiffern des französischen, die in unritterlicher Weise aber mit der grössten Wirksamkeit für ihre Herren und Freunde kämpfen; s. Varocher im Macaire, Robastre und Fromer im Gaufrey, Robastre im Doon de Mayence, Gautier im Gaydon, Simon le voijer in Berte aux grands pieds, Hélie le charbonier im Cipéris de Vignevaux, Achopart in Beuves de Hanstone, Rigaut im Garin le Loherain; vgl. auch Richiers in Hugues Capet v. 107. Ise's kleinbürgerlicher Charakter ist schon oben S. 22. 26 hervorgehoben worden, ebenso ist auf das Gelächter des Publicums berechnet sein Benehmen beim Ritterschlag 2294, s. Vogt 484, seine zuversichtliche Ungeschicklichkeit mit Pferden umzugehen, die hier den Seemann charakterisirt, — ein komisches Motiv, das auch sonst vorkommt, — s. die ungeschickten Diener Galopin im Elie de St. Gille und im Seghelijn 2989, die keine Seeleute sind. An der letzterwähnten Stelle handelt es sich wie im Orendel um die Aufgabe freilaufende Pferde einzufangen. Auch Rennewart der, wie Galopin, nicht reiten kann, Aliscans 185, gehört hieher. Komisch ist auch gemeint die ärmliche, den kleinlichen Geiz Ise's zeichnende Ausstattung Orendels mit einer *niderwât umb drî pfenninge* 661, der schleissige Rock 741, die rindsledernen Schuhe, die nicht in den Steigbügel passen 993, die Botschaft Daniels mit den zwei Ohrfeigen 2659 ff., — gegen solche Verletzungen des Völkerrechts, Berger CX, wo es sich gegen Heiden handelte, war das Mittelalter sehr nachsichtig, — auch wohl Briden's Ungebärdigkeit gegen Gott und das h. Grab, als sie die Nachricht von der Gefangenschaft ihres geliebten

Helden erhält, 2379ff. Auch mit dem Leser treibt der Dichter seinen Scherz. Wenn er bei Orendels Gefangenschaft ausruft 2361f., *nu râtent mit allen iuwern sinnen, wie wir in von dannen bringen,* s. 375. 2476, so wird sein Publicum dies gewiss nicht, wie Berger CIV, als eine ‚pathetische Aufforderung' verstanden haben. Es ist vielmehr eine Aufforderung zur poetischen Mitarbeit an der Erfindung der Fabel, welche sich der Dichter — auch fälschlich und scherzhaft — zuschreibt.

Ebenso ist es ein Scherz, wenn Orendel 2157 die Ansprüche Ise's, nicht auf Belohnung, sondern auf seine Person anzuerkennen scheint, erst um Verzeihung bittet, dass er so lange auf Urlaub geblieben sei 2159ff., und ihn dann an Briden weist, die die eigentlich Schuldige sei, da sie ihn dem Fischer abwendig gemacht habe. Das ist zugleich als Schalkheit Orendels gegen Bride gemeint, die er durch die Ansprüche des Fischers auf ihren Mann und König als Knecht erschrecken oder, ihres Temperaments bewusst, in Zorn bringen will. Dass Ise die Sache so auffasst wie Orendel geht aus 2165f. hervor, wo er auf Orendels Bitte um Vergebung, da er ihn jetzt als König vor sich sieht, sofort sagt: *Daz wirt dâlung getân, stolzer degen lobesan.* Orendel ist ja weit entfernt, rechtliche Ansprüche Ises gelten zu lassen. Sein dienstliches Verhältniss zu Ise ging aus einer Nothlage hervor; ist diese vorüber, so ist er, wäre er auch nicht König, durch die Natur der Sache nicht mehr Knecht, und sein einstmaliger Herr hat nur moralische Ansprüche auf Belohnung aber keine rechtlichen auf die Person seines ehemaligen Knechtes. Es handelt sich ja auch wahrscheinlich nicht um Sclaverei, sondern um Lohndienst: *dâ mit mietestu zwelf kneht* sagt Bride 2199, als sie Isen das viele Gold in dem Schilde übergibt. Dieses ist nicht der Kaufpreis eines Sclaven, sondern die Entschädigung für den Verlust an Lohnarbeit und Belohnung für die Rettung und Aufnahme Orendels. S. oben S. 19.

Orendel hat seine Ansicht über sein Verhältniss zu Ise 1476f., deutlich genug ausgesprochen:

    ich enwart sîn nie eigen (Merzians)
    noch mannes ûf erdrîch keines
    ín alein gotes, des vil guoten,
    und sant Maria, sîner küniglîchen muoter.

Eigen ist wohl hier nicht in streng juristischem Sinne zu nehmen. Denn wenn auch Orendel 951 sich zu Merzians *eigenkneht* angeboten hat, wenn er ihm Pferd und Waffen verlöre, so höhnt doch der eifersüchtige Merzian Briden nur damit, dass sie seinen *kneht* küsse, 1467. 1471. Orendel hat ja Merzians Pferd und Waffen nicht verloren. Darauf folgt die Verwahrung Orendels, die nur dem Wortlaut nach die ‚thatsächliche Unrichtigkeit‘ enthält, von welcher Berger spricht, LXX. Denn ein König, der durch die Noth gezwungen eine Zeitlang Knechtdienste versehen hat, wird sich deshalb doch nicht wirklich für einen Knecht halten, sich deren Stand zuzählen. Das Dienstverhältniss, das er eingegangen, kann Orendel daneben nicht ableugnen und bestätigt es gegenüber Briden und Daniel 2259. 2601 *ich bin eines fischers kneht.* Aber gleich durch die an beiden Stellen folgenden Worte

ich sol im dienen, daz ist mîn reht.
er fand mich in riuwen,
er half mir in guoten triuwen,
daz vergelt im got der guote
und sîn künigliche muoter

deuten an, dass er gegenwärtig sein Verhältniss zu Isen auf Pietät, nicht auf Recht gründet. Des Verhältnisses zwischen Orendel und Ise ist also nur äusserlich und zufällig gleich dem zwischen dem Grafen von Calw, einem Helden des Heimkehrtypus und dem Schwanritter zu jenen Mächten, welche ihre Rückkehr verlangen, nachdem sie eine Frau befreit und geheiratet haben; s. Beer 38f., 107, der Orendel mit den genannten zusammenstellt. Dass Ise seinen beurlaubten Knecht zurückfordert, ist ganz natürlich und begreiflich, dass Orendel seine Ansprüche zum Theil anerkennt, ihn entschädigt, aber nicht zurückkehrt auch, während in den erwähnten Erzählungen gerade das Zurückkehren das Wichtige ist.

Der Scherz wird dann, als Ise von der Königin wieder zu Orendel zurückkommt, fortgesetzt. *Hônt ir urloub genomen zuo der künegin hêr, sol ich mit iuch farn über den wilden sê* fragt ihn Orendel 2213. Denn wie sollte Orendel sich in Ernst einbilden, dass Bride ihn als Knecht ausliefern werde? Komisch ist dann wieder die Erinnerung Orendels und Ises an die alte

Hose der Fischerin 2229. 2247 und die Antwort Ises auf die
Frage seiner Frau nach dem Knecht
2241 *er wil bestân bî frouwen Brîden,*
der schoensten ob allen wiben,
er wil ouch wesen künig und hêr
über daz land und burg zuo Jerusalem;

d. h. er zieht es vor König und Gemal der schönen Bride
zu sein.

Nun folgt eine Parallele zu der eben erzählten Geschichte,
die in der That mit der vorhergehenden sich nicht gut vereinigen lässt, wie Berger gezeigt hat LXXIII, CX. Der Dichter
kannte wahrscheinlich zwei Berichte über die Belohnung Ises
— so wie über die Gefangenschaft Bridens bei Minolt und
Wolfhart, — und da beide Anlass zu komischer Ausführung
boten, wollte er sich keinen entgehen lassen und stellte sie
recht kunstlos neben einander. Auch hier ist die komische
Absicht unverkennbar. Denn wenn Orendel seiner Frau, der
Königin Bride sagt

gib mir urloup, künegîn hêre,
ich muoz mit mînem meister über mere;
ich bin eines fischers kneht,
2260 *ich sol im dienen, daz ist mîn reht* u. s. w.

so kann er ebenso wenig hier als 2213 annehmen, dass seine
Verpflichtungen gegen Ise nur durch die Fortsetzung seiner
persönlichen Dienstbarkeit erfüllt werden können. Auch nimmt
Bride die Sache gar nicht so ernst, wie sie es müsste, wenn
sie seine Rede buchstäblich aufgefasst hätte, und antwortet
nur, 2266:

Held, die rede lîz belîben!
und heiz dir bald entspringen,
meister Îsen zuo hofe bringen,

und nun folgt die zweite, die erste überbietende Belohnung
Isens, sein Ritterschlag und die Erhebung zum Herzog.

Die Annahme einer Parallelerzählung scheint mir einfacher
als die Vogt's, S. 488, von zwei Interpolationen, 2209—2232 und
2235—2248, und eines pragmatischen Zusammenhanges zwischen
der ersten und zweiten Belohnung Ises. Denn darnach hätte
Orendel den Fischer wegen des Knechtes zwar an die Königin

Bride gewiesen, dann aber, als Ise, ohne sich wieder bei ihm
zu zeigen, befriedigt fortgegangen, Briden erklärt, er müsse
nun mit Ise, dessen Knecht er sei, über Meer fahren. Der
Dichter hätte also sofort vergessen, was er Orendel zu Isen
sagen liess, dass er nämlich von Briden seinen Knecht fordern
solle, und auch bei Bridens Antwort wäre ihm nicht einge-
fallen, dass diese eben Ise belohnt habe. Die von Vogt aus-
geschiedenen Verse sind übrigens ganz in der Manier unseres
Dichters und recht gut.

Einen analogen Fall bietet Alphart, S. 47—55, 2 und
Str. 55, 3—67, s. Anzeiger für deutsches Alterthum XV 168.
Jiriczek versucht allerdings durch die Annahme, Str. 45. 55. 56
sei interpolirt, eine fortlaufende Erzählung zu gewinnen, in der
Heime nicht Kaiser Ermenrich dieselbe Sache zweimal berichte,
sondern erst dem Kaiser, dann dem Heere Rechenschaft von
dem Ausfall seines Besuches bei Dietrich ablege; Paul-Braune's
Beiträge XVI 178 ff. Aber einmal wäre damit nicht viel ge-
wonnen, da die Botschaft an das Heer jedenfalls vor Ermenrich
stattfände, der sie schon gehört hat, und zweitens richtet sich
Heime trotz der Aufforderung des Kaisers *sage mînen helden*,
58, 2, nicht an diese, sondern an den Kaiser, 59, 2; *hêrre, dû
ist dem von Berne alsô gein iu zorn* ff. Es sind zwei Erzählungen
derselben Thatsachen aber im Einzelnen vielfach abweichend
nicht contaminirt wie etwa in den Gudrun, Kaufleute und
Recken, sondern nebeneinandergestellt.

Eine nahe Analogie zu dem Verhältniss Orendels zu Ise
gewährt die oben S. 18 f. angezogene Geschichte von Baudouin
de Sebourg. Wie dieser den wohlthätigen Schuster zum König
und zum Hüter der heil. Lanze und der drei Nägel Christi
macht I 336. 352, so wird Ise Herzog 2873 ff., und soll die
heil. Lanze, die Dornenkrone Christi und das heil. Grab hüten,
2873. 2894.

Zu VIII. Die Burg Westphal ist trotz der Citate Berger's
S. LX ganz dunkel.

Der Name Durian ist vielleicht verwandt mit dem *roi
Durains* in Renaud's Bel Inconnu 5428.

Montclie, das E. H. Meyer in der Zeitschrift für deutsches
Alterthum XII 389 als den Mons Thabor mit dem Kloster des

heil. Elias erklärt, könnte auch aus *urbs Aelia* gebildet sein, einem Ausdruck, den z. B. die Vision des Lucianus braucht; Baronius Annales, Bd. V 373, a. 415, *Aelia urbs, quae est Hierusalem*, oder Cassiodorus Chronicon, *Aelia civitas id est Hierusalem*, ed. Migne, S. 1232, Avitus ed. Peiper, S. 53, eine Form der griechischen Kreuzerfindungslegende bei Gretserus Opera II 432 D, und noch Gregor von Tours, ed. Arndt, S. 46.

Zu IX. Alzit. Ungefähr ähnlich klingende Namen sind Athlit, Atslits, das Castellum Peregrinorum am Meer bei Kapharnaum, mit einem guten Hafen, Sepp, Jerusalem II 565, Wilken, Kreuzzüge VI 159, Vogt, Salman und Morolf CXIV, worauf Singer, Anzeiger für deutsches Alterthum XVII 125 aufmerksam macht, — Assalt nordöstlich von Jerusalem, Spruner, Handatlas, Nr. 84. 85, — die *Terre des Haus-Assis*, d. i. der Assassinen, fünf oder sechs Meilen von dem am Meere gelegenen Baudas entfernt, der *Terre Falise* benachbart, Baudouin de Sebourg I 299. 319. 321. 348 f. 354 f., — genau aber stimmt zu dem Namen jener der palästinischen Stadt *Aussit* in der Turiner Vengeance L II 14, s. unten. — Doch kommt dieser Name in der Geste des Loherains derselben Handschrift, zu welcher die Vengeance eine Einleitung bildet, auch für ein Local in Deutschland vor; s. Stengel, Mittheilungen aus altfranzösischen Handschriften der Turiner Universitätsbibliothek, S. 27, V. 185: Bondifer besitzt Mainz und Rouflour bis *Mont d'Aussis* (: -i). Das wird wohl die Vogesen im Elsass bedeuten; s. Garin le Loherain Mone 203 *Thierri de Mont d'Ausai*. Auch ein König Flore von Ausai ist bekannt, der Vater des Kaisers Florens von Constantinopel und Flories der Königin von Ungarn, Monmerqué Théatre français 417 ff.

Zu X. Der Dichter stellt sich die heil. Reliquien des Kreuzes und der Dornenkrone, nach 3782 auch der drei Nägel und der heil. Lanze, noch im heil. Lande vor: ein vereinzelter Versuch den Zeitcharakter — erstes Jahrhundert nach Christus — festzuhalten.

Die heil. Lanze kommt übrigens mit den drei heil. Nägeln auch im Baudouin de Sebourg als Kleinod des Reiches Jerusalem vor, Bd. I 352. Aber der Dichter des Orendel dachte wohl an die deutschen Reichsinsignien, Kreuz, Königskrone, Lanze mit den heil. Nägeln in derselben; Waitz, Verfassungsgeschichte VI 226. 233. Lanze, Nägel und Krone auf Trifels erwähnt Ottokars Reimchronik 60212. 94617, Kreuz und Krone des Wolfdietrich D. VII 217, 4, — eine heil. Dornenkrone wie im Orendel war neben der Lanze des heil. Moriz Kronkleinod von Arelate; Waitz, VI 235, Ottokar, 39746. 91267, eine andere war im Zeitalter der Kreuzzüge zu Constantinopel, Wilken, Kreuzzüge I 13, VII 441.

Ueber das Historische an dem Verkauf des heil. Grabes in Jerusalem an die Heiden, 2896, s. oben S. 10. 33.

Ueber die Wichtigkeit Bari's, das auch im Rother V 3, und Herzog Ernst B. 5786. 5246 vorkommt, im Zeitalter der Kreuzzüge, s. Heyd, Geschichte des Levantehandels I 107. 462. 521, Berger LXI. Auch im Herzog Ernst 5246 versehen sich die Reisenden hier mit Pferden. Diese sind weder Wellen noch Wolken wie Müllenhoff 41, Beer 112 f. und Berger LXXXIX meinen. Der Pferdefang Ises ist als komische Episode schon oben S. 34 charakterisirt worden. Dass das Bestreben Ises in Bari Pferde für die Weiterreise zu erhalten ganz vernünftig ist und in die Voraussetzungen des Gedichtes hineinpasst, daher keine mythische Deutung verträgt, hat Müller 165 gezeigt.

Zu XII. Wenn Bride selbst auf Kundschaft ausgeht, so ist das zwar für eine wirkliche Königin seltsam, im Gedicht aber begründet: sie ist eine heroische Frau und kennt die Verhältnisse ihres Landes und ihrer Stadt als Königin am besten.

Zu XII. XIII. Munteval ist unbekannt. An den Namen klingt an die Seigneurie de Montréal, östlich vom todten Meer, und der Ort Montréal, südlich vom todten Meer, Spruner, Handatlas, Nr. 86; s. Müller 170, Anm. Dort, nicht zu Jerusalem ist Minolds Burg 3222, dort haust er mit seiner Gefangenen 3307. Berger behauptet LXXVI, ebenso Vogt 487, es käme daneben auch die Angabe vor, Bride läge zu Jerusalem gefangen. Aber wenn 3292 derselbe Pilger, welcher dann Munteval nennt, gesagt hat *die ist zuo Jerusalem gefangen*, so meint er das Land Jerusalem; s. 3210 *gen Jerusalem in daz lant*, 2220. 3215. 3767.

Man dürfte keineswegs aus dem wiederholten Inquit des Pilgers, 3284 und 3302, mit dem neuen Ansetzen von 3302 *frouw Brid ist gefangen*, was schon 3292 gesagt worden war, dem scheinbar verschiedene Berichte über das Local von Bridens Gefangenschaft, Jerusalem 3292, Munteval 3307, entsprechen, auf wörtlich erhaltene Reste von Dittologien in dem oben S. 37 besprochenen Sinne schliessen, wohl aber muss man eine gewisse Neigung des Dichters zu doppelter paralleler Ausführung seiner Motive anerkennen — sie zeigt sich auch 26 ff., 30 f. und 32 f., 42 f. und 44 f. — und vollkommene Freiheit im Gebrauch des Inquit. Vier Inquit kommen allerdings nur hier vor, 3280 ff.; aber es wird auch, wie gesagt, vor dem vierten angekündigt, 3300, dass der Bote noch etwas Besonderes zu dem schon Erzählten hinzuzufügen habe, — *ich sag iuch, lieber hêre, noch mêr fremder mêre* — nämlich dass Bride in Munteval gefangen liege und dass sie in der Gewalt Minold's sei, dessen Name gewiss in der Lücke nach 3308 gestanden hat. Drei Inquit finden sich 1874 ff., zwei 117 ff., 486 ff., 650 ff., 1108 ff., 1333 ff., 1559 ff., 1586 ff., 1767 ff., 2802 ff., 3442 ff., 3486 ff., 3510 ff., 3705 ff., — kein Inquit steht 736. 1084. 1438. 2931. 3458; den Fall 2314 hat Vogt 485 hinweggeschafft.

Wenn der Dichter 3245 Briden zu Minolt sagen lässt: *wiltu dem* (Christus) *nit werden undertân, ich nim dich nimmer zuo einem man*, so ist das wohl nur ein ungeschickter Ausdruck: er soll gewiss nicht andeuten, dass wenn Minold sich taufen liesse, Bride, die Frau Orendels, ihn heirathen würde; s. 3618 f.

Auffällig ist es, dass 3360 f. von Orendel und Ise in Bergers Text gesagt wird: *Sie giengent âne alle wer, si truogen zwei scharpfe swert* und 3510 f. Achille ihnen zuruft: *ir hêren, nu leget an gerwe iuer liehte wîcgeserwe* (*seiden serwer* Druck, *gewere* Handschrift). Aber 3360 haben Handschrift und Druck *wert* statt *wer*; das kann heissen ohne die ihnen zukommende kostbare Kleidung.

Zu XII. XIV. Dass zwei, Daniel und Wolfhart, eine Frau einem Dritten zuführen, Minolt, und dass nach dessen Tode, einer von ihnen, Wolfhart, die Frau für sich begehrt, ist etwas so Natürliches, dass man nicht begreift, wie Beer S. 16 und Berger LXXVI darin einen Widersinn sehen können.

Was Beer zudem sagt, dass der Pilger Orendel erzähle, Wolfhart nicht Minold habe Briden in seiner Gewalt, ist nicht wahr. Denn nach 3307 fehlt ein Vers, s. oben S. 41. Man kann nur sagen, wie schon oben S. 37 angedeutet, dass beide Gefangenschaften Bridens bei Minold und Wolfhart sich so ähnlich sind, s. unten S. 46, vor Allem durch ihre Stellung im ganzen Gedicht, dass man sie als ursprüngliche Parallelerzählungen auffassen darf, die von unserem Dichter in einen ganz verständlichen, pragmatischen Zusammenhang gebracht worden sind, jedenfalls mit grösserem Geschick als er die zwei Versionen von der Belohnung Ises verwerthete; s. oben S. 37. — Noch weniger Grund ist natürlich beide Gefangenschaften und Befreiungen Bridens als eine Parallele zu dem ersten Theil des Orendel aufzufassen, in dem der Held unter anderen auch Bewerber um Briden besiegt; s. Vogt 471 und XXIII 496 gegen Beer 110 und Berger LXXVII und XCVIIIff.

Zu XIII. Die Erfindung, dass die hart gefangene Bride, 3247 ff., von König Minold auf einem Spazierritt mitgenommen wird, nur damit Orendel sich von ihrer Lage und den Absichten Minolds, Dingen, die er schon von dem Pilger gehört hat, 3286 ff., selbst überzeuge, ist wenig glücklich; s. Berger CXI.

Achille ist nach 3420 von König David, Bridens Vater, vertrieben worden, und wohl deshalb obwohl Christ, 3413 ff., schon durch zweiundsiebzig Jahre im Dienst des heidnischen Minold, 3549. Diese Andeutung setzt eine ausführlichere Erzählung voraus, s. oben S. 23, welche aber vielleicht dem Dichter selbst nicht mehr genau bekannt war. Zwei Ueberlieferungen können hier in Betracht kommen. David war in Beziehung zu Troja; s. oben S. 13 f. Andererseits kämpft im Prolog der Turiner Vengeance L II 14 König David von Troja gegen Asillans, der mit seinem Bruder Aeillais, wenn der Name richtig ist, als Sohn des Herodes bezeichnet wird, fol. 80ʳ 1. 80ᵛ 1. 2. Der Name steht Achilles, s. Achilant in Bertholds Demantin, Bartsch zu 10956, näher als der des Hercheans, Herchelans fol. 79ᵛ 2. 80ᵛ 2, d. i. Archelaus, auch eines Gegners des Königs David; s. unten. Da Achille trotz seiner Stellung in heidnischen Diensten sich, wovon sogleich die Rede sein wird, doch nicht nur als Christ sondern auch als Vasall des Königreiches Jerusalem fühlt, so gehört er wahrscheinlich mit Karl dem Grossen und vielen anderen in die Reihe der Christenritter, welche mit ihrem Souverän zerfallen, von ihm vertrieben genöthigt sind, bei den Heiden Unterhalt und Dienst zu suchen. Dann, möchte man schliessen, hat es einmal eine Sage gegeben, nach welcher König David von Jerusalem Asillans-Achille, den Sohn des Herodes, unter seinen Mannen hatte und ihn aus irgend einer Ursache aus dem Lande trieb. Ein solches Verhältniss kann man sich leichter zwischen David und dem Sohne des Herodes, als zwischen David und dem trojanischen Achilles vorstellen. Zu Grunde liegt diesem Achilles wohl der historische Archelaus, der Sohn des Herodes, der mit seinen Brüdern Antipas und Philippus von 1—12 nach Christus herrschte und im Jahre 12 von Augustus nach Vienne verbannt wurde.

Der Name Achilles war übrigens durch den Heiligen bekannt; s. Nereus und Achilles, Lipsius, Die apocryphen Apostelgeschichten II 1, 106. 416.

Eine ähnliche Verbindung griechischer und jüdischer Ueberlieferung scheint im Girard de Viane vorzukommen, 129, wo Eneas mit Raboant (Rehabeam?) kämpft *el bois soz Moradant*.

3486 sagt Ise zu Achille:

>   *„Kuss mich an mînen mund,*
>   *ich bin dîner swester sun,*
>   *dîner swester Elisabet!'*
>   *alsô sprach der degen stêt:*
> 3490 *„Sô ist daz der Grâwe Roc, mîn hêre,*
>   *des sind wir zwên degen beide'.*
>   *dô der herzog die red vernam,*
>   *er ward ein freudenrîcher man.*

In der Handschrift fehlt 3490 *daz*; darnach weist Ise nicht auf den neben ihm stehenden Orendel, und das *wir* in Vers 3491 kann sich auf Ise und den dem Achille unbekannten Orendel beziehen. In der Prosa, Berger, S. XXVI, sagt Ise: *jr solt mich vor kussen zû aimm zaichen | das ich gantze freüntschafft zû eüch hab. Vnd in dem Kusz nam er war das hertzog Eysz sein freündt was | vn sprach | du bist beynamen meiner Schwester sun | so ist der graw Rock mein herr | wo aber der ist |*

das waisz ich nicht. Hertzog Eysz sprach | du sichste in hye steen an meiner seytten Hertzog Achill weszt niht wie er vor frembden gebarn solte | vnd sprach | nun bin ich nye frölicher worden. Das zeigt, dass jenes *daz* auch in der Vorlage der Prosa fehlte, dass aber der Bearbeiter derselben die Situation verstand wie der Druck, in dem jenes *daz* steht, dass nämlich Achille darüber belehrt wird, der zweite Fremdling sei Orendel und diesen als seinen Herrn anerkennt. Und ich glaube gegen Vogt 472 f., dass diese Auffassung die richtige ist. Isen muss es doch nach der Absicht des Dichters darauf ankommen alles zu sagen, was Achillen seiner und Orendels Absicht, Briden zu befreien, geneigt machen kann. Wenn er nun aus dem Christenthum und ehemaligen Vasallenverhältniss Achilles zu Bridens Vater David, 3413 ff., und aus seiner Absicht Orendel von der Gefangenschaft Bridens Nachricht zu geben, 3448 ff., die Zuversicht schöpfte, dass er sich ihm ohne Gefahr bekannt geben konnte, so hatte er um so mehr Grund ihm in dem neben ihm stehenden Fremden Bridens Gemahl, Orendel, zu zeigen.

Wenn er hinzusetzt *des sind wir zwên degen beide*, so heisst das: durch deine Geburt im Reich von Jerusalem bist du trotz deines gegenwärtigen Dienstverhältnisses in einem andern Lande, gegenüber einem heidnischen König, Orendels *degen* wie ich. Und als ein solcher benimmt sich Achille auch im Folgenden. Aber das hat Vogt mit Evidenz gezeigt, dass die Stelle keineswegs Orendel als in sein Reich zurückkehrend zeigt oder andeutet, also eine Parallele zu der angenommenen Grundlage des ersten Theils des Orendelgedichtes bildet, wie Beer 16 und Berger LXXVII, meinen. Dass auch jetzt Orendel noch der Graurock genannt wird, obwohl der graue Rock in Trier zurückgeblieben ist, Berger LXXVII, kann doch nicht auffallen. Auch die litterarische Stellung unserer Episode hat Vogt, S. 471 bestimmt, nämlich in einer Reihe mit Rother und besonders nahe Salman und Morolf.

Die Bitte Ises an Achille, er möge ihm und Orendel freies Geleit zur Rückfahrt erwirken, ist nur eine Versuchung, eine Prüfung der Gesinnung des Pförtners, denn Ise und Orendel wollen ja gar nicht fort: ihre Absicht ist Briden zu befreien. Die Bitte dient also demselben Zweck wie die Behorchung des Gebetes, welches Achilles spricht, 3410 ff.

Die List, durch welche nach der Absicht Achilles Bride befreit werden soll, ist darauf begründet, dass der bewaffnete Achille, 3502 ff., mit Minold einen Streit anfangen, Orendel und Ise ihm gewaffnet zu Hilfe eilen sollen. Dann würden sie alle zusammen Minold überwältigen oder tödten und bei dem dadurch entstehenden Getümmel Briden aus dem Kerker befreien, dessen Gelegenheit wohl Achille wusste.

Aber die Scene bei Minold verläuft im Einzelnen anders. Minold ist durch Träume gewarnt und ängstlich, und verlangt die zwei Fremden, für welche Achille als für seine Neffen um Geleite bittet, sofort zu sehen, was Achille und diese nicht verhindern können. Minold vermuthet in ihnen sofort seine im Traum angekündigten Feinde, Orendel und Ise, — die zur Entscheidung herbeigerufene Bride läugnet zwar die Fremden zu kennen, reizt sie aber zum Kampfe, zum unmittelbaren Angriff auf Minold, indem sie diesen zum Ausdruck seiner Begierde nach ihr und seines Hasses gegen Orendel veranlasst. Die Worte 3616

daz verpiet mir got,
der sich an daz kriuze gab gemarterot, (Conjectur Bergers)
daz ich immer verkiese den êrsten man,
den ich ûf erdrîch ie gewan.

geben gleichsam das Signal zum Beginn des Kampfes für Orendel, Ise und Achille.

Die Angabe, dass Ise dem Pförtner den Kopf abgeschlagen habe, 3722 f. ist ungeschickt ausgedrückt, denn nach 3405 ist Achille selbst Thorwart. Der Dichter meint natürlich den nach Achilles Abfall von Minold neu eingesetzten, oder überhaupt einen anderen Pförtner.

Die Schönheit dieser Episode ist von Beer, S. 16, Berger, S. LXXIV ff. mit Recht hervorgehoben worden. Aber die Beobachtung beweist nichts für ihre Theorie. Denn einerseits unterschätzen beide Gelehrte den poetischen Werth der meisten übrigen Theile des Gedichtes, andererseits sind glücklich erfundene Scenen in sonst ziemlich geringwerthigen Dichtungen der deutschen wie französischen traditionellen Litteratur des Mittelalters nicht selten; s. besonders das deutsche und französische Nationalepos.

Zu XIV. Durian ist hier der christliche Diener Bridens, s. 2384, der allerdings, weil er ein getaufter Heide ist, 2399 noch *der heiden* genannt wird, wie aus 3830 hervorgeht, wo er sagt: *ob die heiden umb den künig rede wellen hân:* der heidnische König Durian ist 2814 von Orendel getödtet worden.

Die List, welche er im Sinne hat, ist nur durch die Ausführung zu erkennen; s. o. S. 44 f. Seine Absicht ist König Wolfhart zu stürzen und zu tödten und seine Herrin Bride wieder auf den Thron von Jerusalem zu setzen. Zu diesem Zweck verwendet er Bride als Lockmittel: er nimmt sie gefangen, voraussehend dass Wolfhart mit ihr schlafen werde, entschlossen dann den Wehrlosen zu tödten. Dabei rechnet er auf die kriegerische Tüchtigkeit der Heldin für die gefahrvolle Zeit nach der That, 3828 ff. Damit aber Bridens Ehre unverletzt erhalten werde, lässt der Dichter Wolfhart vor dem Schlafengehen einen Trunk verlangen. Dass Durian ihm einen Schlaftrunk im neuhochdeutschen Sinne reicht, ersieht man wieder nur aus der Wirkung, 3818 f. Es liegt also keineswegs eine plötzliche Umkehr in der Gesinnung Durians vor wie Beer S. 16, Berger S. LXXVI und Vogt 48 f. annehmen. Durian ist das Seitenstück zu Achille in der vorhergehenden Episode, der treue christliche Diener, der nach Eroberung des h. Grabes durch die Heiden nothgedrungen in die Dienste derselben getreten, in seinem Herzen aber dem christlichen Glauben und den früheren Herrschern treu geblieben ist.

Ausser dem Gedicht und der darauf beruhenden Prosa von 1512 haben wir noch eine kurze Erzählung von König Orendel in der prosaischen Vorrede des Heldenbuchs, dessen Entstehung ins 15. Jahrhundert fällt, ohne dass wir die Jahreszahl mit Bestimmtheit angeben könnten. Es steht gleich im Anfang des ganzen Werkchens und lautet:

In disem teile findet man, wie die helden des ersten auff seind kummen, auch wie sie wider ab seind gangen, vnd ein end genumen habent. Wie sie genant. wa sie sich gehalten. vnd wannen sie geborn seind.

Künig ernthelle von Trier was der aller erste held der ye geborn ward. Der für über möre mit vil schiffen, wann er was gar ein reicher Künige. Da giengen jm dye schiff alle vnder, doch kam er mit hilff eins fischers ausz. vnd was lang zeit bey

*dem fischer vnd halff jm fischen. Darnach kam er gen Jerusalem
zům heiligen grabe. Da was sein fraw eins kůnigs tochter. Die
was geheissen fraw Brigida, was gar ein schöne fraw.*
Darnach ward dem kůnig geholffen von andern grossen
herren das er wider kam gen Trier vnd starb da. vnd leit zů
Trier begraben. Also ertrunken jm alle sein diener. vnd ferlor
gar vil gůtz auf dem möre. Von den Abweichungen der verbrannten Strassburger Handschrift bei von der Hagen, Heldenbuch, 1855, Band I, S. CXI verzeichne ich nur: *do was sin
frowe einz kinges dohtter, die was geheissen frowe Bride, vnd ıcz
ouch die schönstte ob alu wiben.*

Die Angaben stimmen zu dem Gedicht mit Ausnahme
des Umstands, dass Orendel in Trier starb und dort begraben
wurde. Man ist zunächst versucht in dieser kurzen Erzählung
eine alterthümlichere, einfachere Form der Sage zu erkennen,
nach welcher entsprechend den folgenden rein weltlichen Erzählungen aus der Heldensage König Orendel noch nichts mit
dem h. Rock zu thun hatte, bloss eine Brautfahrt nach Jerusalem unternahm, dann in der Heimat gegen Feinde, die
sie eingenommen hatten oder bedrohten, siegreiche Kämpfe
führte und daselbst starb, ohne den zweiten Zug ins h. Land
zu unternehmen, von dem das Gedicht erzählt. Aber seine
Erwähnung als ältester Held, d. h. älter als die später genannten,
welche, wie Dietrich, Günther, Etzel, in die Zeit der Völkerwanderung fallen, ist unter dieser Voraussetzung nicht erklärbar. Denn wenn auch, wie oben S. 13 gezeigt, die Vorstellung existirte, dass es ein christliches Königreich Jerusalem
schon in den christlichen Urzeiten gab, so begreift man doch
nicht, warum die Zeit des Königs Orendel der der Völkerwanderung voraufgehen, warum seine Geschichte dem ganzen
Bericht über die deutsche Heldenzeit vorausgestellt werden
musste. Nach dem Gedicht aber liegt die Erklärung auf der
Hand: Orendel findet im sechzehnten Jahre nach Christi Tod
den heil. Rock im Magen des Fisches, worauf er alsbald nach
Jerusalem und zum heil. Grabe kommt, s. oben S. 13. Auf
Chronologie nimmt der Verfasser der Vorrede auch S. 5 Rücksicht,
wo er sagt, dass Dietrich von Bern zweihundert Jahre nach
Christi regiert habe. — Der Erzähler setzt also den heil. Rock
voraus, obwohl er ihn nicht nennt. Darauf weist auch die

Erwähnung des heil. Grabes, die bei einer blossen Brautfahrt auffiele. Darnach ist der ganze Absatz der Vorrede nur für einen dürftigen ungeschickten und ungenauen Auszug aus dem Gedichte zu halten — s. den Schlusssatz, der sich doch nur auf die ersterwähnte Fahrt Orendels, die nach Jerusalem, nicht auf die zweite von Jerusalem nach Trier beziehen kann, und die Reimformel über Bride in der Strassburger Handschrift, die der Verfasser S. 6 auch für Sigeminne verwerthet. Seine Erzählung darf also nicht einmal verwendet werden, um den zweiten Theil des Gedichtes von der Rückkehr Orendels nach Jerusalem als späteren Zusatz zu erweisen, geschweige denn das Grab Orendels in Trier, die Namensform Brigida oder die ursprüngliche Namenlosigkeit des Fischers.

Die Verbindung des Orendel mit dem, was wir deutsche Heldensage nennen, erscheint uns auffällig. Aber einmal ist sie nicht so eng, da der Verfasser der Prosa den Abschnitt von Orendel nur als Einleitung zu dem Folgenden benutzt, Orendel von Trier auch weder in dem geographischen Capitel über die Heldensage, welches unmittelbar folgt, S. 1, noch in der Aufzählung der Helden in *Grippigenlant* (Colonia Agrippina, Ripuarien?), das ist die Gegend von Cöln, Worms und Aachen, S. 1. 3. 7, wohin er doch gehört, nicht vorkommt, S. 3, — dann war Orendel doch ein deutscher Held alter Zeiten, wie die Männer der eigentlichen Heldensage und ein Rheinländer, für welche der Verfasser der Vorrede besonderes Interesse zeigt, und Kreuzzugscostum mit einer Brautfahrt ins heil. Land kommt auch im Ortnit vor, der ersten Geschichte aus der Heldensage, welche er mittheilt, S. 4. Ferner ist derselbe ein sehr wirrer Kopf, wie die Wiederholungen und Unklarheiten seiner Erzählung zur Genüge zeigen.

Sollte er aber wirklich eine Orendelgeschichte im Sinne gehabt haben, die nur das enthielt, wovon er spricht, und König Orendel in Trier sterben und begraben werden liess, so wäre sie wie seine Darstellung der Nibelungensage, nach welcher z. B. Siegfried von Dietrich im Rosengarten erschlagen wird, S. 7. 10, eher für eine junge Umformung als für eine Grundlage unserer Orendeldichtung zu halten.

Da freie Erfindung im Sinne der späteren Kunst in einem mittelalterlichen Gedichte höchst unwahrscheinlich ist, so muss man der Entstehung des Stoffes dadurch näher zu kommen suchen, dass man zunächst in der deutschen, dann aber auch der übrigen Litteratur des Mittelalters, zunächst Mitteleuropas, Erzählungen aufsucht, die entweder im ganzen Verlauf der Begebenheiten oder in einzelnen Episoden mit dem Orendelgedicht übereinstimmen.

Das Gedicht gibt sich als eine Erzählung vom Rock Christi. Aber was in der rein legendarischen Ueberlieferung vom heil. Rock erzählt wird, hat wenig mit den entsprechenden Berichten des Orendel gemein.

Alte Ueberlieferung ist, dass der ‚ungenähte Rock', Johannes XIX 32, vor Verurtheilung bei Gericht schützt, wohl in Erinnerung an den Process Christi, den er allerdings nicht schützte; Gildemeister und Sybel, Der heil. Rock I[2] 54, Creizenach in Paul-Braune's Beiträgen I 91. 98, Singer, Anzeiger für deutsches Alterthum XVII 124 Anm. und meine Abhandlung Ueber die französischen Gralromane 104, — Mors Pilati, bei Tischendorf Evangelia apocrypha, 1853, 432, Passional ed. Hahn 88, 8. Aehnliche Wirkung hat eine Gabe, welche Seghelijn von einer Fee bei seiner Geburt erhält, dass ihm Niemand etwas abschlagen könne, 231 ff., 1733 ff. S. unten S. 56.

Nach der angelsächsischen Vindicta Salvatoris, Tischendorf Evangelia apocrypha, 1853, 455. 458, Angelsächsische Homilien und Heiligenleben ed. Assmann, S. 189. 191 hatte Veronica einen Theil des Kleides Christi; s. meine Abhandlung Ueber die französischen Gralromane 49.

Ueber den Ort seiner Aufbewahrung und seine Auffindung erfahren wir von Gregor von Tours, der es nur von Hörensagen wusste, Gloria martyrum 492 ed. Arndt: *Ferunt autem in civitatem Galateae in basilica, quae ad sanctos archangelos vocitatur, retenere. Est enim haec civitas ab urbe Constantinopolitana quasi milibus CL, in qua basilica est cripta abditissima; ibique in arca lignea hoc vestimentum habetur inclausum.*

Fredegar l. IV, c. 11, Bouquet II 419, und Aimoin, Bouquet III 105, berichten, dass die heil. Tunica *profitente quodam Simone Jacobo progenito* in der Stadt *Zaphat (haud?) procul a Hyerosolyma in arca marmorea* gefunden worden und von dort *a Gregorio Antiocheno, Thoma Hierosolomytano, Johanne Constantinopolitano* nach Jerusalem gebracht worden sei. Das für einen

Rock seltsame Behältniss stammt wohl von dem Grab Christi. Diese Nachricht wird dann oft wiederholt; s. Gildemeister und Sybel, Der heilige Rock I² 112, Schönbach, Anzeiger für deutsches Alterthum II 172. — Ein Simon, Jacobs Sohn, kommt auch im Passional vor, ed. Köpke 290, 5. Er ist im Besitz des von Nicodemus angefertigten Christusbildes; s. meine Abhandlung Ueber die französischen Gralromane S. 45 f. Sein Grossvater heisst Zacheus 290, 3, was wieder an die Genealogie des Judas Quiriacus, der das heil. Kreuz gefunden, erinnert, den Sohn des Simon, Enkel des Zacheus; s. unten.

Otfried IV 29, 23 lässt den ungenähten Rock Christi von der Caritas, welche mit ihren Schwestern Recht und Friede auch V 23, 126 vorkommt, spinnen.

Nach der im Anfang des 13. Jahrhunderts entstandenen Vita B. Mariae virginis et Christi salvatoriis metrica, rhythmica, der Quelle Bruder Philipps und Walthers von Rheinau, hat Maria den Rock gestrickt und Christus trug ihn, da er mit ihm wuchs, bis zu seinem Tode; s. ed. Vögtlin, Bibliothek des litterarischen Vereins N. 180, V 3046 ff.

In Bezug auf den Ort, wo sich der heil. Rock befand, gehen im 11. und 12. Jahrhundert die Ansichten auseinander. Einerseits blieb die auf Fredegar zurückgehende Ansicht in Geltung, so bei Thiofrid von Echternach der 1101 bis 1106; Gildemeister und Sybel I² 35, II 2, 51: aber in der zweiten Hälfte des 11. Jahrhunderts entsteht ein Gerücht, dass der heil. Rock sich in einer nie eröffneten Kiste des Domes von Trier befinde, nach andern wäre es der Purpurmantel oder die Schuhe Christi. Im 12. Jahrhundert erzählen die zwischen 1106 und 1124 redigirten Gesta Trevirorum, dass die in Trier geborene heil. Helena den heil. Rock unter andern Reliquien nach Trier geschickt habe; Gildemeister und Sybel I² 47, II 2, 51. 1121 wurde er im Nicolausaltar des Domes von Trier niedergelegt, 1196 in den Hauptaltar transferirt und blieb da verschlossen bis zum Jahre 1512, wo die erste öffentliche Ausstellung desselben statt fand. Die Angabe, dass der heil. Rock in Trier von der heil. Helena dahin gestiftet worden sei, s. auch Kaiserchronik 10403 ed. Massmann, steht gewiss im Zusammenhang mit der älteren, welche Almannus von Hautvilliers macht c. 880, dass sie andere Reliquien nach Trier geschickt habe, Acta Sanctorum Boll., 18. August, 595 B.

Mit Orendel haben diese Ueberlieferungen nichts gemein als dass der von der heil. Jungfrau gesponnene Rock in einer Steinkiste verwahrt wurde und später von Jerusalem nach Trier kam, wobei eine orientalische Königin betheiligt war. Ist in dem alten Juden, der den heil. Rock von Herodes erhält, eine Spur des Simon Jacobi bei Aimoin zu sehen? Aber die an Reliquien und ihre Träger, Personen die mit diesen Reliquien in Beziehung stehen, geknüpften Vorstellungen wirken auf einander, s. meine Abhandlung Ueber die französischen Gralromane 39. 40. 45. 96. Die Auffindung der heil. Lanze in Antiochia wurde mit Umständen erzählt, welche sehr an die Auffindung des heil. Kreuzes erinnern, Chanson d'Antioche II 166 ff. Es ist also zu fragen, ob nicht Erzählungen von einer anderen Christusreliquie grössere Aehnlichkeit mit dem Orendel zeigen, als die vom heil. Rock. Eine der ältesten und berühmtesten Reliquien Christi war das eben erwähnte heil. Kreuz, und Formen der Kreuzlegende zeigen in der That grössere Uebereinstimmung mit unsrem Gedicht als irgend andre legendarische oder romanhafte Ueberlieferungen, vor allem weil die für den Orendel charakteristische Mischung von Legende und Abenteuerroman sich auch bei ihnen findet. Ich meine den mittelniederländischen Seghelijn van Jherusalem ed. Verdam Leiden 1878 und den Prolog zu einer französischen Vengeance (Vindicta Salvatoris) in der Turiner Handschrift L II 14, den ich immer nur als Vengeance citire. Ich theile zunächst den Inhalt beider Dichtungen mit und füge einige Anmerkungen bei.

Seghelijn van Jherusalem.

Der Dichter will eine Kreuzerfindung erzählen im dreissigsten Jahre nach Christi Tod, von der er weiss, dass sie in Bezug auf den Helfer der heil. Helena, Seghelijn, von der gewöhnlichen kirchlichen Ueberlieferung abweicht, 39 ff., 8749. 9970.

König Prides von Jerusalem ist mit Blenscfluer vermählt, während er an Mohamed glaubt, neigt sie sich dem Christenthume zu. Ein Astronom verkündet, dass das Kind, mit dem sie schwanger geht, das Christenthum aufrichten und seinen Vater tödten werde, 98 ff., 106, nach 11788 f. auch die Mutter.

Prides beschliesst es sofort nach der Geburt zu tödten, 165.
Als daher die Königin ihre Stunde nahen sieht, geht sie in
den Wald und bringt dort einen Knaben zur Welt, 210 ff.,
der auf Brust und Schulter ein Kreuz hat, 252. Durch Vermittlung von drei Prophetinnen, welche dem Knaben unter
andern auch die Gabe schenken, dass ihm Niemand etwas
abschlagen kann, 231 ff. — s. 1083, — gelingt es ihr denselben
zu retten. Er wird bei einem Fischer untergebracht, der *coene
deghen*, 731, dessen Weib *scone vrouwe*, 772, genannt wird. An
einem Ring, den der Knabe erhält, soll ihn die Mutter nach
fünfzehn Jahren erkennen, 310. 315. Sie kehrt an den Hof
zurück und schiebt sich selbst ein todtes Kind unter, 298 ff.

Seghelijn wird anfangs in die Schule gesandt, wo er auch
Unterricht im Christenthum erhält, muss aber dann mit dem
Ziehvater fischen, 481 ff.

Als Seghelijn mit Fischen nach Hofe geht, erregt er das
mütterliche Wohlgefallen Blensefluers, die ihn beschenkt, 572 ff.
Er erfährt von der Fischerin, dass er nicht ihr Sohn ist, 776 ff.,
und erhält von dem Fischer ein altes Schwert, das früher im
Besitz Pilatus', des heil. Petrus und Moses' gewesen war, 835 ff.
Er erschlägt damit bei Hofe drei Köche, die ihn verspotten.
Königin Blensefluer erkennt ihn als ihren Sohn, er sie als seine
Mutter durch den Ring, 1196 ff., und beschliesst ihn am Hofe
ritterlich zu erziehen, ohne Prides die Herkunft des Jünglings
zu verrathen, 1195 ff.

Seghelijn besiegt sofort seine Lehrmeister im Waffenhandwerk, 1388 ff., unter anderen Pelles von Ysona, 1536. Er
wird zum Ritter geschlagen, 1615 ff., und erbittet von Prides
für den Fischer eine jährliche Rente von hundert Pfund, 1680.
Er thut sich in einem Turnier sehr hervor, kommt aber durch
Prides, dessen Verdacht gegen den Jüngling, als sei er der
Geliebte Blensefluers, erregt worden war, in ernstliche Bedrängniss und Gefahr, 1758 ff., — obwohl Prides ihm, wenn er
ihn vor sich sieht, nichts abschlagen kann, 1733 ff. — Er erbeutet ein treffliches Pferd, 1954 ff., das er im Folgenden wie
einen Kameraden und Freund behandelt, 3128 ff., 5976, 6140 ff.,
und eine Decke dazu, die vor Verwundung schützt, 2160 ff.
Ebenso bekommt er auch durch Vermittlung eines Engels für
sich eine wunderbare weisse Rüstung mit rothen Kreuzen,

2530 ff., — s. 10753, — welche dieselbe Eigenschaft hat, 7728. Er stillt seinen Hunger mit Manna, das jeden beliebigen Geschmack annimmt, 2104; s. 10462. Darauf wird er durch einen Engel in Hirschgestalt vor den Nachstellungen Prides gerettet, 2486 ff.

Nach mannigfachen Abenteuern auch bei Räubern, die seine Habe theilen, bevor sie sie noch besitzen, 2897, findet er einen freundlich gesinnten Zwerg, der sein Mutterbruder ist, 3296 ff., und erhält von ihm die blutende Geisel, mit der Christus geschlagen worden war, und die Schale *(vat)*, aus der er Galle und Essig getrunken, 3317 ff., 3959 ff. — Im weiteren Verfolg seiner Abenteuer gewinnt er auch die drei Nägel und die Dornenkrone Christi, 3922 ff., von zwei saracenischen Riesen Clinckaert und Clincker, die er bekämpft und tödtet, 3600 ff., 3836 ff.

Durch einen flinken Knappen, Galopijn, 4094, macht er die Bekanntschaft von sieben schönen aber heidnischen Frauen. Er verschafft ihnen zu essen, da sie in der belagerten Burg Hunger leiden, 4026 ff., und geniesst ihre Liebe in sieben auf einander folgenden Nächten, 4756 ff. Die Frucht dieser Verbindung sind die sieben weisen Meister. Zur Strafe für dieses Vergehen muss Seghelijn fünfzehn Jahre in heidnischer Gefangenschaft bleiben, 5454 f. Darauf gewinnt er die weisse Lanze Christi, welche immer blutet, 6500 ff., 6807, und eine Inschrift trägt, 6459, von einem saracenischen Riesen Bonacroy, der für seine Gäste eine Art Guillotine vorgerichtet hat, 6227, mit der ihn nun Seghelijn köpft, 6484.

Seghelijn kommt dann vor Rom, das von den Heiden belagert wird, 6852 ff. Dort herrscht Kaiser Constantin, seine Frau ist Helene, ihre Tochter Florette, ihr Sohn wieder Constantin 6906. 6864. 7064. Ein Engel hat König Constantin das Labarum gezeigt, 7041 ff., ein anderer Helene auf die von den römischen Glocken schon angekündigten heil. Reliquien verwiesen, welche Seghelijn bringen wird, 7094 ff. Seghelijn hilft den Römern gegen die Heiden, deren er mit seinen Knappen eine Menge tödtet. Einer der Knappen stellt sich ungeschickt beim Einfangen der herrenlosen Pferde, Seghelijn schilt ihn und treibt sie selbst zusammen, 7235 ff. Die Heiden werden geschlagen, Seghelijn zieht in Rom ein, bringt die heil. Reliquien nach St. Peter, 7472 ff., Constantin und seine ganze Familie lässt sich taufen, 7513 ff. Seghelijn heirathet Florctten, 7853, wie schon vor ihrer Geburt eine Prophezeiung gesagt hatte, 6919, und erhält von Constantin die römische Kaiserkrone, 8049.

Nachdem Seghelijn noch einen saracenischen Riesen Claudes besiegt und getödtet hat, 8600, bei welcher Gelegenheit ihn die Verrätherei Gallijns, der selbst Florctten liebt, in grosse Gefahr brachte, 8144 ff., 8246 ff., zieht er mit seiner Schwiegermutter Helene, deren Ritter er ist, 9970, nach Jerusalem um das heil. Kreuz zu suchen, 8711 ff. Es war eine Art Kreuzzug, fünfhundert Mann stark, 8727, und Seghelijn trug dabei auf der Schulter ein Kreuzlein, 8744. Sie gelangen vor die feste Stadt Yzona, 9967 ff., die sieben Meilen von Jerusalem entfernt. ist, 10020. Die Belagerung ist schwierig, da die Belagerten in Judas, dem Sohne des Maccabaeus, einen sinnreichen Anführer haben, 10104 ff., gelingt aber schliesslich durch die Hilfe kriegerischer Engelschaaren, die weisse Schilde mit rothen Kreuzen tragen, 10502 ff. Helene, die sich selbst am letzten Kampfe unter Führung der Engel betheiligt hatte, 10533, frägt den gefangenen Judas, Maccabaeus' Sohn, um das heil. Kreuz, 10568 ff. Nach einigem Widerstreben zeigt er ihr den Ort der Kreuzigung auf dem Calvarienberg, 10598, wo die drei Kreuze vergraben sind. Die zwei zuerst gefundenen erweisen sich als die der Schächer, da sie einen Todten nicht lebendig machen, 10617 ff. Auf Helenens Gebet wird trotz des Widerstrebens des Teufels, 10654 ff., das wahre Kreuz gefunden und bewährt sich an dem Leichnam, 10667 ff. — Judas wendet sich dem Christenthume zu und zeigt Segbelijn und dem Heere einen näheren Weg nach Rom, 10690 ff. Auf demselben besiegt und tödtet Seghelijn einen saracenischen Riesen Gloriclaudes, 10905, und gewinnt von ihm den Balsam Christi, 10762 ff., 10928 ff.; er ist der des Fierabras und stammt aus Rom, 11010 ff.

Unterdessen war Florette, Seghelijns Frau, von einem Verräther, der, nachdem er die früheren sieben Geliebten Seghelijns umgebracht, 8818 ff., ihre Liebe verlangt, bei den Haaren aufgehangen worden, 8879. Sie wird von einem Herzog gerettet, aber durch einen andern Verräther, der ihr auch nachstellt, fälschlich beschuldigt, den Bruder des Herzogs mit einer Birne vergiftet zu haben, 9000 ff. Darauf wird sie verbannt,

9520, und von einem Diener, den sie vom Galgen gerettet, 9702ff., 9792, an einen Seerftuber verkauft, 9935ff. Auf der Rückfahrt findet sie Seghelijn in dieser Lage: er befreit sie, 11240ff., und zieht mit ihr und dem heil. Kreuz gegen Rom, 11375. Als sie sich der Stadt nähern, läuten wieder alle Glocken, 11360, der Papst zieht ihnen mit den andern Reliquien entgegen, 11379ff. Es folgen Heilungswunder des heil. Kreuzes, 11463ff. und greuliche Martern zur Bestrafung der Verräther, die den Tod der sieben Geliebten Seghelijns und Florettens Unglück verschuldet haben, ausgesonnen durch die sieben weisen Meister, 11594ff.

Nach dem Tode Constantins und Helenens erfüllt Seghelijn die Prophezeiung des Astronomen, er tödtet infolge eines Missverständnisses Vater und Mutter, Prides und Blensefluer, die nach Rom gekommen waren, 11906ff. Darauf tritt er dem jungen Constantin das Reich ab, 11948ff., thut Busse in der Wüste und wird nach fünfzehn Jahren zum Papst gewählt, 11971ff.

Zum Seghelijn.

Die einzige Handschrift des Gedichtes stammt aus der ersten Hälfte des 15. Jahrhunderts, die Drucke sind von 1511, 1517 und 1563 oder ohne Jahreszahl. Eine Verdam, S. VIII, nicht bekannte Ausgabe, Amsterdam 1520, besitzt die Wiener Hofbibliothek, 66. E. 39. Das Gedicht selbst wird in die Mitte des 14. Jahrhunderts gesetzt; Verdam IV. VIII.

Die Berufungen auf eine Quelle wie 4299, *seit die jeeste*, oder 4384, *Distorie seghet*, besagen wenig.

Die erzählten Vorgänge des Gedichtes beginnen mit dem dreissigsten Jahre nach Christi Tod, aber es kommen darin die Kaiserin Helena und Mohamed vor, 399: also dieselbe Zeitvorstellung wie im Orendel; s. oben S. 12ff., und in der Vengeance, s. unten S. 63.

Ist der Name Prides verwandt mit dem Brighedans d'Aufrique im Baudouin de Sebourc I S. 129, 143, oder mit dem Priadans, Prians im Segbelijn selbst 5626. 5636. 5648—5600. 5604, oder Priadans des Schwarzen in der Quête du St. Graal, Birch-Hirschfeld, Die Sage vom Gral 45, und im Prosatristan, s. Löseth in Inhaltsverzeichniss?

Ganz dieselbe Wortform hat, worauf mich Singer aufmerksam macht, Ulrich von Thürheim für Brioude, den Ort des Klosters, wohin Wilhelm von Orange und Rennewart sich zurückziehen; s. Kohl in der Zeitschrift für deutsche Philologie XIII 135, Thomas Romania XIV 579.

Das vor der Geburt des Helden ausgesprochene Orakel und die Jugendschicksale desselben stammen aus der Parissage. Bei Dictys Cretensis erzählt Priamus, III 26 *namque Hecubam foetu eo gravidam facem per quietem edidisse visam, cuius ignibus conflagravisse Idam ac mox continuante flamma deorum delubra concremari omnemque demum ad cineres conlapsam civitatem intactis inviolatisque Antenoris et Anchisae domibus. quae denuntiata cum ad perniciem publicam expectare aruspices praecinerent, internecandum editum partum placuisse. sed Hecubam more femineo miserationis clam alendum pastoribus Idae tradidisse: eum iam adultum, cum res palam esset, ne hostem quidem quamvis saevissimum ut interficeret pati potuisse: tantae scilicet fuisse eum pulchritudinis atque formae.* Der Prophet, welcher die Gefahr andeutet, die für das Land durch die Geburt des Helden entstehen werde, der Untergang der alten Religion, die Gabe der Prophetin, dass Niemand Seghelijn etwas abschlagen können werde: alles ist angedeutet. Ausserdem entsprechen die drei Prophetinnen den drei Göttinnen der Parisgeschichte, die Aussetzung Seghelijns mit der Aufziehung bei dem Fischer der Aussetzung Paris' und der Aufziehung bei dem Hirten. Apollodorus, Bibliotheca III 11, 5, hat auch einen bestimmten Traumdeuter, Aesacus, wie der Roman einen Astronomen.

Im Göttweiher Trojanerkrieg, von dem ich eine Abschrift der betreffenden Partie P. Bayer verdanke, wird die Parisgeschichte sehr weitläufig erzählt: der Traumdeuter ist der weise Zabulon aus Baldach, der auch sonst bekannt ist, s. Bartsch Herzog Ernst CLI. Paris wird von einem Ritter Hylion ausgesetzt, von dem Hirten Ribalin und seiner Frau Lixa aufgezogen. Bei der Begegnung mit den drei Göttinnen erhält er von Venus Helm und Schwert, was an die wunderbare Rüstung Seghelijns erinnert. — Hecubas Traum in Enikels Weltchronik 13513 ff. Ed. Strauch hat keine nähere Aehnlichkeit.

Dass Seghelijn seinen Vater, nach dem späteren Bericht auch seine Mutter tödten werde, stammt vielleicht aus der

Oedipussage. — Sehr ähnlich ist auch die Geschichte von Croissant, dem Sohne des heidnischen Königs Salfin von Arges, der auch, weil von ihm prophezeit worden war, dass er den heidnischen Glauben zerstören werde, von seinem Vater eingesperrt wurde; Baudouin de Sebourg, Band II 147. Ueber Croissans-Crescens s. Veselovskij in der Beilage zum XXXIX. Band der Schriften (Zapiski) der Petersburger Academie, N. IV, 1881.

In der Form, dass ein Knabe von unehelicher oder niederer Geburt durch Heirat mit einer Prinzessin König werden und das Christenthum aufrichten solle, kommt das Orakel in der Constantinssage vor; s. Veselovskij Romania V 1 ff., VI 161 ff., XIV 138 ff.

Das andere Orakel, welches Seghelijns Heirat mit Floretten, der Tochter des Kaiser Constantin voraussagt, hat denselben Sinn.

Ueber das königliche Kreuz, 252 ff., s. meine Abhandlung Ueber die ostgothische Heldensage 81 und Lot Romania XX 279. Es wird wie in dem Gedicht von Parise la Duchesse, s. meine genannte Abhandlung 68, nicht zur Erkennung verwendet; war also schon epischer Gemeinplatz.

Die Gaben der drei Prophetinnen, 231 ff., 1733 ff., erinnern an jene, welche Galopin im Elie de St. Gille von Feen erhält, 1184 ff.

Der Held kommt als kleines Kind zu einem Fischer, der ihn aufzieht, wie das ausgesetzte Kind Beuves' und Josianens, Wiener Handschrift fol. 212^{b}f., 231^a.

Der gegen seinen Willen bei einem bürgerlichen Gewerbe aufgezogene Held, wird, seinen Neigungen gemäss, Ritter wie Herois von Metz, s. Rhode bei Stengels Ausgaben und Abhandlungen III 126, Hugues Capet, Gisberto, s. Reali da Francia l. II, c. 47, Vivien, s. Enfances, Beuves de Hanstone's Sohn, Wiener Handschrift fol. 288^b. Aehnlich ist auch der für das Kloster bestimmte Gregorius, der ebenfalls dem Triebe nach ritterlichem Leben nicht widerstehen kann.

Dass der Lehrling den Waffenmeister besiegt, 1388 ff., ist ein Zug, der aus Doon de Mayence, S. 280, und der Gudrun, 357 ff., bekannt ist, s. Martin, Vorrede zur kleinen Ausgabe, S. XXVII.

Ueber den Namen Pelles (von Yzona) 1536, s. meine Abhandlung Ueber die französischen Gralromane. 66. Anm.

Die Zärtlichkeit zwischen dem Helden und seinem Pferd, die Anlass zu den erfreulichsten Episoden geben, welche sich in dem sonst ziemlich rohen und kunstlosen Werke finden, erinnert am meisten an das französische Nationalepos, Ogier de Danemarche, Reinaud de Montauban, Fierabras (125), Garin le Loherain ed. Mone (271).

Ueber die weisse Rüstung mit rothem Kreuz, s. meine Abhandlung Ueber die französischen Gralromane, S. 133. 176.

Ueber das Manna, das jeden beliebigen Geschmack annimmt, 2104. 10462, s. daselbst S. 48. 97.

Die List mit dem Hirsch begegnet auch im Oswald ed. Ettmüller 2337.

Ueber das französische Motiv, dass Räuber schon eher die Beute vertheilen, als sie sie haben, 2897, s. meine Abhandlung Ueber die ostgothische Heldensage, S. 86, wo noch Crestiens Erec, ed. Förster, 2935, hinzuzufügen ist.

Ueber die Häufung der Reliquien, 3317ff., 3989ff., 3922ff., s. Birch-Hirschfeld Die Sage vom Gral 143 und meine Abhandlung Ueber die französischen Gralromane S. 176.

Das Motiv, dass der Held belagerten Frauen zu Essen verschafft, 4026ff., ist französisch, s. Fierabras, 110f., Aubery ed. Tobler 154, Garin le Loherain bei Mone 276.

Der Knappe Galopijn, 4094, stammt wohl aus dem Elie de St. Gille.

Das Don Juanleben Seghelijns und die zahlreichen Bastarde, 4756ff., erinnern an Hugues Capet, Aubery, ed. Keller, 20 und Baudouin de Sebourc, I 76; s. De la Grange vor Hugues Capet XXI.

Ueber die weisse Lanze Christi, 6500ff., 6807, die mit einer Inschrift versehen ist, 6459, s. meine Abhandlung Ueber die französischen Gralromane S. 36.

Eine Guillotine, 6227, kommt auch in Raouls Vengeance de Raguidel vor, 2100ff., Histoire littéraire XXX 57.

Die Belagerung Roms durch die Heiden, 6852ff., stammt aus dem französischen Nationalepos; s. Fierabras.

Constantin von Rom statt von Constantinopel kommt auch in Geschichten vom Typus der schönen oder geduldigen Helena vor: so ein Constantin, König von Bordeaux, der in Rom Kaiser wird, ein Tiberie Constantin, Kaiser von Rom, Vater der Constance, ein Tiberius Constantinus von Rom, Gemal der Anastasia, Vater der Constantina; Suchier vor den Werken Philippe Remis de Beaumanoir I, XXXI. XXXVIII. In der Vengeance finden wir dieselbe Anschauung.

Florette, auch als Tochter des Kaisers Constantin, 6864, ist Heldin des Romans Florian et Florette. Floriens ist auch der Name eines Kaisers von Constantinopel im Dit de l'empereur Coustant, Romania VI 161, der Vater Constants le Noble, s. Coustantin und Florens in der Chanson des Loherains bei Stengel Mittheilungen aus französischen Handschriften der Turiner Universitätsbibliothek 25. 27, König Flores d'Ausai in der Prosaerzählung von König Flore und der schönen Jehane, Michel und Monmerqué Théatre français, 417 ff., Flores Tochter Florie, heirathet den König von Ungarn, sein Sohn Florens wird Kaiser von Constantinopel, S. 430.

Ein römischer Florent kommt mit Virgil, Hippocrates, Nero, dem guten Grafen Ydé, Johann von Lateran, Papst Bonifacius in der Turiner Vengeance, L II 14 vor, Comparetti, Virgilio nel medio evo II 199, es ist wohl der 204 ebenso genannte Sohn Neros. Dass Bonifacius der Papst gemeint ist, zeigt der Prolog zu dieser Vengeance, fol. 80ʳ 2. Daselbst fol. 79ʳ 2 erscheint der bekannte roi Flore le Hungris, der Mann Blancheflurs, der Vater Bertes aux grands pieds, als Urenkel Helenens und Davids von Troja. Die Reihenfolge ist: St. Rustis, Ustasc de Tis, Flore le Hungris, Berte, Karl der Grosse. — Die Histoire littéraire de France XXVI 339 und Ward Catalogue of Romances I 711 führen ein Dit de Florence auf: sie ist die Tochter des Kaisers Otto von Rom und heiratet den König von Ungarn.

Im Turiner Huon de Bordeaux erscheint ein aragonischer König Flores, Flourent; s. Veselovskij in Croissans-Crescens, der oben S. 57 citirten Abhandlung, S. 2, im Göttweiher Trojanerkrieg heisst Agamemnons Frau, Helenas Mutter, Florande, in einer italienischen Ueberlieferung der König von Spanien Florindo, Romania VI 183.

Ueber die Beliebtheit des Namens Floris u. ä. s. Förster Vénus la Déesse 54.

Im Auberon, 963 ff., ed. Graf, ist Judas Macabaeus der Vater einer Brunhild, die Cesaires heiratet, deren Sohn ist

Julius Cäsar, der mit der Fee Morgane Oberon und den heil. Georg erzeugt.

S. auch Judas Macabaeus im Merlin, P. Paris Les Romans de la Table ronde II 193, Perlesvaus bei Potvin S. 32 und die Chansons de geste von Judas Maccabaeus ed. Goerlich 1891; G. Paris La Littérature française au moyen âge S. 119, §. 138. Ueber die Person des Judas Maccabaeus im Seghelijn s. unten.

Ueber den heil. Balsam, 10928 ff., 11012, der auch im Prolog der Vengeance erscheint, s. meine Abhandlung Ueber die französischen Gralromane 75.

Ueber das Motiv, dass eine Königin fälschlich beschuldigt wird, einen Verwandten des Hausherrn mit Birnen oder Aepfeln vergiftet zu haben, 9000 ff., s. daselbst 171.

Ueber den vom Galgen geretteten untreuen Diener, 9702. 9792, s. Francisque Michel Tristan II 311 f. und im Théatre français au moyen âge S. 210.

Die greulichen Martern, welche die sieben weisen Meister ersinnen, haben ihr Seitenstück in denen, welche im Beuves des Hanstone vorkommen, fol. 88^b, 94^a, 178^a der Wiener Handschrift, und Achopart veranlassen in die Heidenschaft zurückzukehren.

Das Vergehen Seghelijns, 11906 ff., seine Busse und Erwählung zum Papst, 11971 ff., erinnern an die Gregoriuslegende; s. oben S. 56 f.

Auch in der Form zeigt sich französischer Einfluss, so in dem Gebete, 2742 ff., 2811 ff.: eine Art Glaubensbekenntniss, dann: so wahr das alles ist, so wahr ist es, dass ich dich, o Gott, um deinen Schutz bitte. Ausserdem haben die meisten Namen französische Form.

Ueber das Wegwerfen des *tronçon*, 5108, vgl. 1517, s. meine Abhandlung Ueber die Ostgothische Heldensage 96. Zu den dort angeführten drei Fällen, wo dieser Umstand erwähnt wird, kommt ausser dem Seghelijn, noch hinzu Durmart li Gallois 5515, 10215 und Walewein 2058.

Prolog der Turiner Vengeance. L II 14.

Kaiser Vespasian hat drei Kinder, *li barons saint Bertins*, Fol. 81^r 2, Helene und einen Sohn, unter dem Titus zu verstehen ist. Er übergibt diesem Rom und vermählt Helene mit König David von Troja, der von Gott selbst in Troja das Christenthum empfangen hatte; Fol. 80ᵛ 1.

David zieht mit Helene über Barlaite nach Troja in Griechenland und feiert dort mit ihr die Hochzeit. Als Helene im Traum mit Joseph, Cosmas und Jacob in der Nähe von Jerusalem das heil. Kreuz gefunden zu haben glaubte, unternimmt König David mit ihr und einem griechischen Heer einen Zug in das heil. Land und gelangt zunächst vor Aussi (Aussit, Ausit, Hausit), einer jüdischen Stadt am Meer. Er erobert sie und befreit daselbst die gefangenen fünf Söhne der Gräfin Honnestasse (d. i. Anastasia), welche bei der Geburt Christi ihre Hände wieder erhalten hatte. Drei von ihnen heissen Joseph, Josaph und Cosmas; der dritte nach der obigen Stelle offenbar Jacob, Fol. 79ʳ 2—79ᵛ 1. Joseph erzählt: Nach dem Tode Christi verlangten alle fünf den Leichnahm Christi von Pilatus und begruben ihn in einem Marmorsarg. Trotz der Bewachung des Grabes durch König Hercheans ersteht Christus aus dem Grabe. Joseph, der noch das heil. Kreuz begraben wollte, wurde mit seinen vier Brüdern nach hartem Kampfe von den Juden gefangen und in den Kerker geworfen, in welchem sie 30 Jahre ohne Licht und Nahrung zubrachten. Denn Gott fristete auf ihre Bitte ihr Leben, damit sie die Taufe empfangen könnten. Um diese bittet Joseph jetzt König David; Fol. 79ᵛ 1—80ʳ 1.

Nachdem sie getauft sind, ziehen sie mit König David, Helenen und dem griechischen Heer vor Jerusalem. In der Schlacht, welche sich zwischen den Griechen und Juden unter Herchelans (Hercheans) und den Söhnen des Herodes, Acillais und Asillans (Asillant, Affillans) entspinnt, wird David von Helenen getrennt. Er bemerkt es und ruft: Helene! wo bist du? Sie wird im Kampf hart bedrängt, verwundet und verliert ihr Pferd. Auf ihren Ruf: König von Griechenland, wo bist du?, eilen David, Nicodemus und Joseph von Arimathia ihr zu Hilfe und verschaffen ihr wieder ein Pferd. David will nun, dass sie nach Aussit zurückkehre. Aber sie stürzt sich wieder in den Kampf, in dem sie Asillans begegnet. Sie wird erst von ihm verwundet, aber es gelingt ihr ihn zu besiegen und zu tödten, wodurch sie auch in den Besitz seines Wunderbalsams gelangt, desselben, mit dem Christus gesalbt worden war. Als sie sich damit bestreicht, ist sie sofort geheilt. Das jüdische Heer zieht sich auf Herchelans Befehl zurück; Fol. 80ʳ 1—80ᵛ 2.

Die Griechen ziehen ihm nach auf den Oelberg. Nicodemus erzählt König David von dem Schrecken der Natur bei Christi Kreuzigung, unter Anderem auch von der menschenähnlichen Pflanze Mandragora *(mandeglore, mandlegore)*, welche über Christi Todesgang in Jammerrufe ausbrach. Er räth, das Kreuz zu suchen, das er und seine Gefährten nach Christi Tod nicht mehr begraben konnten.

Sie finden auf einem Hügel das Kreuz mit noch blutigem Stamm — süsse Düfte gehen von ihm aus — und durch die Heilung Verwundeter bestätigt es seine Echtheit. David und Helene geloben mit Hilfe Vespasians und der Römer die Juden zu bestrafen; Fol. 80ᵛ 2—81ʳ 1.

Vor der Hand aber kehren sie nach Aussit zurück, wo die Glocken bei Annäherung der heil. Reliquie von selbst zu läuten beginnen und ein Todter von dem heil. Kreuz zum Leben erweckt wird; Fol. 81ʳ 1—81ʳ 2.

Ein Engel ermahnt David drei Crucifixe zu verfertigen nach den Angaben, welche Nicodemus, Joseph und Cosmas über das Aussehen Christi und die Art der Kreuzigung machen können. Das erste macht Nicodemus, die andern zwei David. Dann werfen sie die drei Crucifixe ins Meer, eines gelangt nach Brandis (Brindisi), wo es St. Bertins, Helenens Bruder, findet, das zweite nach Rom, das dritte, von Nicodemus herrührende, nach Lucca; Fol. 81ʳ 2—81ᵛ 1.

Es folgt eine Legende von dem Spielmann Jenois, der für das Lied, welches er dem Crucifix in Lucca vorspielte, von diesem reich beschenkt wurde; Fol. 81ʳ 2—82ʳ 1.

Zum Prolog der Turiner Vengeance.

Was man mit diesem Namen bezeichnet, ist der mittlere Theil einer Einleitung zu einer Vengeance de Jesu-Christ oder Destruction de Jérusalem, die selbst wieder mit dem Garin de Loherain verbunden ist. Das Werk beginnt mit einem Stück über Nero und Virgil, gedruckt bei Comparetti in Virgilio nel medio evo II, dann folgt der Prolog, der noch nicht gedruckt ist, mir aber in einer Abschrift vorliegt, welche ich der Güte Arthur Grafs verdanke, dann eine Erzählung von Mohamed, der Titus zu einer Christenverfolgung verleitete, worauf dieser in eine schwere Krankheit verfiel, herausgegeben von Arthur Graf im Giornale storico della letteratura Italiana XIV, dann die eigentliche Vengeance und Garin de Loherain, unedirt. Ueber die ganze Handschrift welche dem 14. Jahrhundert angehört, handelt Stengel in seinen Mittheilungen über französische Handschriften der Turiner Universitätsbibliothek 22 ff.

Ueber die Chronologie, welche die heil. Helena ins 1. Jahrhundert versetzt, s. oben S. 12 ff. und S. 55.

Ueber David, der hier nicht nur mit den Trojanern in Beziehung, sondern auch König von Troja ist, s. oben S. 13 f.

Ueber Aussit, Alzit, s. oben S. 39.

Von den fünf Söhnen der Gräfin Anastasia werden vier genannt Joseph, später Joseph von Arimathia, Josaph, Cosmas, Jacob; der fünfte ist offenbar Nicodemus, da Helene im Traum das Kreuz mit Joseph, Cosmas und Jacob findet, nachmals aber Nicodemus es ist, der David räth das Kreuz zu suchen.

Dass Joseph von Arimathia Brüder, und zwar diese vier, gehabt habe und ein Sohn der Gräfin Anastasia gewesen sei, ist, so viel ich weiss, sonst nicht überliefert.

Die Einkerkerung der fünf ohne Licht und Nahrung, ihre Befreiung durch David von Troja, entspricht der Einkerkerung Josephs von Arimathia und seiner Befreiung durch Christus oder Vespasian im Evangelium Nicodemi und der davon abgeleiteten Litteratur; s. meine Abhandlung über die französischen Gralromane, S. 38. 105 ff.

Joseph und Josaph werden Joseph von Arimathia und Josephus Flavius sein, s. daselbst, S. 107.

Ueber Jacob in diesem Zusammenhang s. daselbst S. 106. Es ist wohl derselbe Jacob der Gerechte, welcher auch in der von Lipsius Abgarsage, S. 68 besprochenen orientalischen Legende vorkommt, in der Protonike, die Gemahlin des Kaisers Claudius, die Rolle der heil Helena spielt.

Ueber Nicodemus, der von Joseph von Arimathia auch sonst attrahirt wird, s. daselbst S. 37. 45 f. 95, über seine Rolle bei der Kreuzerfindung s. unten.

Die Gräfin Anastasia die bei der Geburt Christi ihre Hände wieder erhält, ist, worauf mich Singer aufmerksam gemacht hat, dieselbe Person, welche auch in dem Roman vom heil. Fanuel, Revue des Langues Romanes XXVIII, als Anestese 1483. 1581 oder Agnetese 1633. 1663 erscheint. Sie ist dort die Tochter eines reichen Mannes in Bethlehem, 1446. 1458, der Joseph und Marien Unterkunft gewährt. Trotzdem sie keine Hände hat, hilft sie Marien bei der Geburt und erhält durch göttliche Gnade ihre Hände, 1572. Dieselbe Anastasia, *Anastaise, Nastaise* erscheint auch in der interpolirten Handschrift von Waces Conception; P. Meyer, Romania XVI 240, s. auch 220. — Die Figur geht zurück auf die neugierige Salome des Kindheitsevangeliums Jacobs, Matthäus', sowie des Liber de infantia Mariae et Christi salvatoris, welche ihre Hand bei Christi Geburt verliert und wieder erhält; Tischendorf, Evangelia apocrypha, 1853, S. 37. 75, Schade, Liber de infantia 26 f. S. auch Vita B. Mariae virginis et Christi salvatoris rhythmica, ed. Vögtlin, V. 1768 ff.

Der Name Anastasia aber stammt vielleicht aus dem Romankreise von dem Mädchen oder der Frau ohne Hände, der schönen oder geduldigen Helene, die sich die Hand oder die Hände abschneidet oder abschneiden lässt um der Liebe ihres Vaters zu entgehen, oder als Wahrzeichen für den Gatten, in dessen Abwesenheit sie durch die Hinterlist der bösen Schwiegermutter getödtet werden soll; s. Suchier vor den Werken Philippe Remis de Beaumanoir XXIV ff. In einer dieser Erzählungen erscheint der römische Kaiser Constantinus, der mit Anastasia verheiratet ist, ihre Tochter ist Constantina, die Mauricius heiratet. — Eine Analogie zu Joseph von Arimathia mit seinen vier Brüdern, welche Anastasia in der Vengeance als Söhne zugeschrieben werden, bietet eine schlesische Geschichte, nach der eine Heldin vom Typus der schönen oder geduldigen Helena, Mutter der heil. drei Könige ist; Suchier, LIX. LXVI.

Zwar nicht die Mandragora, aber eine andere Pflanze welche von den Aerzten ὤκιμον, sonst βασιλικόν genannt wird, erwähnt eine griechische Kreuzerfindung, Gretserus, Opera II 430, an der Stätte des heil. Kreuzes; s. unten S. 69.

Ueber die Auffassung Josephs von Arimathia als Krieger, Fol. 79ʳ 1; 80ʳ 1. 2, s. meine Abhandlung über die französischen Gralromane 134. 174.

König Herchelans, Hercheans ist wahrscheinlich Archelaus, Herodes' Sohn, der mit seinen zwei Brüdern Herodes Antipas und Philipp von 1—12 nach Christus regierte. Er kommt mit seinem Sohne in der Vindicta salvatoris vor, Tischendorf Evangelia apocrypha, 1853, 453. In dem Roman vom heil. Fanuel Revue des Langues romanes XXVIII, V. 2344 tödtet Archelax seinen Vater Herodes, indem er ihn in flüssiges Blei stösst. Derselbe Name ist wohl der des Heiden Achéré in der Conquête de Jérusalem, 7735. Ist aber Herchelans, Hercheans im Prolog der Vengeance der historische Archelaus, so ist Asillans, der Sohn des Herodes, auch nichts anderes. Die Person des Archelaus hat sich gespalten.

Ueber die ins Meer geworfenen Crucifixe, s. meine Abhandlung über die französischen Gralromane S. 39f.

Der Spielmann vor dem Marienbild hat sein Seitenstück in dem Tomboor Nostre-Dame, Romania II 315ff.

In beiden Romanen, dem Seghelijn wie der Vengeance, zieht die heil. Helena, welche wünscht das heil. Kreuz zu finden, (in der Vengeance durch einen Traum ermahnt), von ihrer Vaterstadt Rom, nicht von Constantinopel, aus in Begleitung eines königlichen Helden (Seghelijns, ihres Schwiegersohnes und Ritters, — König Davids von Troja, ihres Mannes), nach Palästina, erobert eine palästinische Festung (Yzona, Aussit) und betheiligt sich selbst am Kampfe. Durch einen Juden (Judas Maccabaeus, Nicodemus) erfährt sie, wo das heil. Kreuz vergraben ist. Sie findet es, im Seghelijn auch die Kreuze der zwei Schächer. Das heil. Kreuz bewährt sich durch ein Heilungswunder. Ausser dem heil. Kreuz wird auch der heil. Balsam erworben, von Helenen, von Seghelijn.

Vor der Vergleichung dieser Erzählungen mit dem Orendel wird es sich empfehlen, ihr Verhältniss zu der kirchlichen

Legende von der Kreuzerfindung[1] ins Auge zu fassen. Es fällt sofort in die Augen, dass sie sich von dieser schon ziemlich weit entfernt haben. Nachdem im 4. Jahrhundert zuerst nur die Meinung auftauchte, dass die drei Kreuze gefunden worden seien und man das Christi an der Inschrift erkannt habe, Chrysostomus, Hieronymus, — wurde zunächst die Zeit fixirt, nämlich unter Kaiser Constantin, so beim heil. Cyrillus von Jerusalem, s. Gildemeister und Sybel Der heil. Rock I² 14f. — Noch zu dieser Zeit hat sich die Kreuzreliquie mit der der heil. Nägel verbunden. Denn Cyrillus von Alexandria, der allerdings erst 444 starb, aber noch nichts von Helena als Kreuzerfinderin weiss, sagt in Zachariam (XIV 20) comm. 94, Opera ed. Aubert III, Migne, Graeci, Band LXXII 812 E φασὶ γὰρ ἔτι εὑρῆται μὲν κατὰ καιροὺς τὸ τοῦ σταυροῦ ξύλον, ἐμπεπαρμένους ἔτι τοὺς ἥλους ἔχον· ὧν ἕνα λαβὼν ὁ εὐσεβὴς Κωνσταντῖνος, ἐπὶ χαλινὸν γένεσθαι τῷ ἵππῳ τῷ ἰδίῳ παρεσκεύασεν, εὐλογεῖσθαι παρὰ Θεοῦ καὶ διὰ τοῦτον πεπιστευκώς. Nach der Meinung Einiger — s. Ambrosius unten — beziehe sich die besprochene Stelle des Zacharias auf Constantin.

Erst seit Ausgang des 4. Jahrhunderts wird Helene als Kreuzfinderin genannt, zuerst, wie es scheint, von Ambrosius bald nach 395 in einer Homilie, die über den Tod des Kaisers Theodosius gehalten wurde; Mailänder Ausgabe V, 1881, Sp. 135 ff. Helena kommt nach Jerusalem und wird dort vom Geiste, oder dem heil. Geiste, getrieben — *infudit ei spiritus* — das heil. Kreuz zu suchen. Nachdem sie die Ruinen vom heil. Grab entfernt, findet sie die drei Kreuze und erkennt das echte am Titel. Sie findet auch die heil. Nägel, die zu Zügel und Krone — *diadema* — für Constantin verarbeitet werden, damit der Vers des Propheten Zacharias erfüllt werde, XIV 20. *In illa die erit, quod super frenum equi est, sanctum domino*. Aeltere Ansicht war wohl, dass die Nägel sich noch an dem Kreuze

---

[1] In der folgenden Darstellung der kirchlichen Ueberlieferung habe ich Gildemeister und Sybel, Der heil. Rock I² 14 ff., Massmann, Kaiserchronik III 849 ff., Busch in der Zeitschrift für deutsche Philologie XI 21 ff. und vor allem Lipsius, Die edessenische Abgarsage 67 ff. benutzt, aber einiges genauer ausgeführt. — Die Quellennachweise wie z. Th. diese selbst finden sich für die älteren Zeiten zusammengestellt bei Gretserus Opera II und Holder Inventio s. crucis 44 ff.

befanden, und dass nur einer für Kaiser Constantin und zwar
für die Zügel seines Pferdes verwendet wurde, wie es Cyrillus
von Alexandria erzählt. Im 5. Jahrhundert entwickelt sich die Sage weiter. Paulinus von Nola in einem an Severus gerichteten Briefe, a. 403 ed.
Muratori S. 189 ff., deutet, aber noch bescheiden, göttliche Eingebung an, welche Helena empfangen habe, *divino, ut exitus
docuit, inspirata consilio*. Sie zieht Christen und Juden über
ihr Unternehmen zu Rathe, *cum index idoneus nemo inveniri
posset*. Mit einer Anzahl Soldaten und Bürger macht sie sich
dann an die Ausgrabung unter dem Jupitertempel, welchen
Hadrian, in der Absicht den Glauben der Christen zu zerstören,
auf dem heil. Grabe gegründet hatte. Sie findet die drei
Kreuze und verfällt selbst auf den Gedanken das echte an
einem Leichnam zu erproben. Sie errichtet daselbst eine Kirche,
in der das heil. Kreuz bleibt und zwar ohne an Grösse abzu-
nehmen, trotz der zahllosen Partikeln, welche davon abgelöst
werden. Die Erwähnung der Soldaten ist vielleicht der erste
Keim jener späteren Vorstellung, dass Helena mit einem Kriegs-
heere nach Jerusalem gezogen sei.

Sulpicius Severus ed. Halm l. II, c. 33, ist ähnlich, nur
kürzer als Paulinus. Helena *primum de passionis loco certior
facta admota militari manu atque omnium provincialium* ver-
anstaltet die Ausgrabung, findet die drei Kreuze: das echte
bewährt sich durch Erweckung eines Todten. Dass Helena
heidnische Tempel zerstört und christliche Kirchen errichtet
habe, wird auch erzählt, aber nicht ausdrücklich gesagt, dass
dies über dem heil. Grab geschah.

Dann wurde der Bischof Makarius mit Helena in Beziehung gebracht. So bei Rufinus in seiner Kirchengeschichte,
das ist der Fortsetzung des Eusebius, den Rufinus ins Lateinische übersetzt hatte; Rufinus Historia ecclesiastica bei Migne,
Latini, Band XXI, l. 1, c. 78, S. 477, oder bei Grynaeus,
Eusebii Pamphili, Ruffini, Socratis, Theodoriti, Sozomeni, Theo-
dori, Euagrii et Dorothei ecclesiastica historia S. 204. Helena,
nun schon *divina admonita visione*, zieht nach Jerusalem, wo
das heil. Grab durch einen Venustempel verdeckt war, damit
die das heil. Grab verehrenden Christen die Göttin Venus an-
zubeten schienen. Sie findet die drei Kreuze und den Titulus;

aber der genügt ihr nicht, um das rechte Kreuz zu bestätigen. Auf den Rath des Makarius erprobt es sich an einer sterbenden Frau. Die Nägel, welche, wie man annehmen muss, auch bei dieser Gelegenheit gefunden wurden, wohl im Kreuze steckend, s. oben S. 66 f., bringt Helena ihrem Sohne, der sich Zügel und Helm daraus machen lässt. Auch ein Theil des heil. Kreuzes kommt nach Constantinopel, der andre bleibt in silberner Hülle zu Jerusalem. Helena zeigt ihre demüthige Gesinnung dadurch, dass sie Nonnen wie eine Magd bedient. Auch abgesehen von der Person des Makarius weicht dieser Bericht in mehreren Dingen von Paulinus ab.

Ganz ähnlich ist Theodoretus in seiner Kirchengeschichte l. II, c. 17, ed. Paris 1642, III S. 563. Die Zerstörung des Venustempels durch Helena, die Auffindung und Prüfung der drei Kreuze und der Nägel, die Verwendung dieser Reliquien, die Demuth Helenas, wie bei Rufinus. Nur wird der Titulus nicht erwähnt, dafür aber bei den Nägeln — nach Ambrosius — auf den Prophetenspruch verwiesen.

Socrates, ed. Migne, Graeci, Band LXVII, l. I, c. 16, S. 107. Der Bericht ist gleich dem des Rufinus, nur kürzer, so dass z. B. Hadrians böse Absicht mit dem Venustempel nicht erwähnt wird.

Bei Sozomenus, ed. Migne, Graeci, Band LXVII, l. II, c. 1, S. 932, ist die Erzählung reicher. Sie bringt einmal alles, was Rufinus erzählt, ohne die kleinen Auslassungen, die wir bei Theodoret und Socrates finden — Inschrift und Hadrians Absicht, — und hat ausserdem die Prophetenstelle wie Theodoret nach Ambrosius. Dazu kunstlos eingeschaltete Parallelen: Einige sagen — ὡς μὲν τινές λέγουσιν — dass ein Jude der Kaiserin die Stelle des Grabes verrathen habe Ἑβραίου κατεπιμηνύσαντος, „aber wahrscheinlicher ist es, dass Gott ihr den Ort durch Gesichte und Träume geoffenbart habe'. Die göttliche Eingebung des Paulinus und Rufinus ist hier zu einer Anweisung über die Art und Weise der Kreuzsuche geworden. Neben der geheilten Frau erscheint auch ein Todter, der erweckt worden sein soll; s. Paulinus und Sulpicius.

Durch Cassiodorus wurden die Erzählungen Theodorets, Socrates' und Sozomenus' im Abendlande verbreitet, da er ihre Kirchengeschichten zu seiner Historia ecclesiastica vocata tripartita vereinigte. Im zweiten Buch c. 18, Migne, Latini, Band LXIX, hat er die Erzählung von der Kreuzerfindung aus Theodoretus und Socrates zusammengestellt. Sozomenus spielt bereits auf Erzählungen an, welche zu den Acta Judae Quiriaci geführt haben. Die lateinische Fassung, von der er eine Handschrift aus dem 6. oder Anfang des 7. Jahrhunderts gibt, ist veröffentlicht in den Acta Sanctorum (Boll.) vom 4. Mai, S. 445 ff. und von Holder in seiner Inventio sanctae crucis. Ueber das Alter der Handschriften s. Acta Sanct. S. 363, Holder S.VI ff. Die griechische Fassung ist nach drei verschiedenen Recensionen mitgetheilt von Gretser, Opera II 417 ff.: zuerst ein Λόγος — abgedruckt bei Holder Inventio s. crucis, S. XI, — dann 426 ff. eine Εὕρεσις mit auf S. 425 vorhergehender Ὀπτασία, d. i. der Vision Constantins, — schliesslich 427 ff. eine Διήγησις. Eine vierte Redaction hat Wotke nach der von Henschen in den Acta Sanctorum, S. 392 F, angeführten Handschrift Vatic. 866, veröffentlicht in den Wiener Studien XIII (1891) 300 ff.; s. Zeitschrift für die österreichischen Gymnasien 1891, S. 845. Sie ist die unmittelbare Vorlage der lateinischen Uebersetzung und nicht, wie Holder meinte, S. X, gleich der Εὕρεσις. — Ausserdem befindet sich, wie ich von Hartel erfahre, eine Handschrift in Berlin, Meermann, graec. cod. Phillipps 1481 (saec. XII) Fol. 110ʳ—115ʳ.

Helena zieht mit einem Heere nach Jerusalem, wo das heil. Kreuz (— nach der Διήγησις 430 B mit den Nägeln, der Lanze, dem Rohr und dem Schwamm — unter dem von Kaiser Hadrian, Acta Sanctorum 446 A, — nach der Διήγησις von den Juden, um die Christen von der Verehrung des Grabes abzuhalten, — erbauten Venustempel) verborgen liegt. — In dem lateinischen Text Holders, so wie im Vat. 866, im Λόγος und der Εὕρεσις, fehlt die Erwähnung des Venustempels. — (Nach der Διήγησις 430 C wuchs auf dieser Stelle des Calvarienberges ein wohlriechendes und heilkräftiges Kraut, von den Aerzten ὤκιμον, sonst βασιλικόν genannt, das die Juden vergeblich auszurotten bemüht sind). Helena drängt mit Drohungen die Juden insgesammt und einen Judas, der vom Kreuze weiss, insbesondere, ihr Nachricht über den Ort, wo das Kreuz vergraben liegt, zu geben. Die Eltern dieses Juden hiessen Simon (und Anna nach der lateinischen Fassung der Acta Sanctorum 446 E), sein

Grossvater Zachaeus, der selbst ein Neffe, oder nach Vatic. 866, ein Bruder des heil. Stephanus war (nach der Εὕρεσις 427 C, und den lateinischen Fassungen der Acta Sanctorum, 447 B, und Holders, S. 69, war vielmehr Judas ein Bruder des heil. Stephanus). — Bei seiner anfänglichen Weigerung fragt er Helenen, wie er denn wissen solle, was sich vor Jahrhunderten ereignet habe, worauf sie ihn an die noch sichtbaren Gräber der homerischen Helden (nach der Διήγησις, 432 D, an die der bei der Zerstörung Jerusalems gefallenen Krieger) erinnert, und ihn in eine trockene Cisterne setzen lässt. Da verräth er Helenen endlich den Ort des Grabes und sie findet die drei Kreuze. Das Christi bewährt sich durch die Erweckung eines todten Jünglings. Worauf der Teufel Judas verwünscht. Dieser bekehrt sich, wird getauft und nach dem Tode des gegenwärtigen Bischofs von Jerusalem (den der Λόγος, die Διήγησις und die lateinischen Fassungen Macarius, die Εὕρεσις Simon nennt) von Eusebius zu dieser Würde erhoben, wobei er den Namen Cyriacus erhält. Schliesslich werden auch die heil. Nägel gefunden und zu den Zügeln Constantins (nach der Διήγησις auch zu dessen Helm und Bildsäule, 434 B) verwendet mit Berufung auf die Prophetenstelle Zacharias XIV 20. Das Kreuz bleibt in einem silbernen Behältniss in Jerusalem (nach dem Λόγος kam ein Theil nach Byzanz, nach der Διήγησις 434 C flog es in den Himmel).

Wie in den Acta Sanctorum (Boll.) vom 4. Mai, S. 439 ff., 363 gezeigt wird, verdankt der heil. Judas Quiriacus seine Existenz einer Verwechslung mit dem gleichnamigen 15. Bischof von Jerusalem, der unter Hadrian lebte und 133 starb. S. die syrischen Legenden bei Assemani Bibliothecae Vaticanae catalogus, Partis primae tomus III 328: *Martyrium S. Cyriaci martyris et Julittae eius matris, qui passi sunt sub Hadriano imperatore* und *Martyrium Julittae*. — Möglich wäre es, dass dieser ältere Judas schon vor Helena mit der Auffindung des heil. Kreuzes in Beziehung gebracht wurde.

Die Erprobung des Kreuzes an einem männlichen Leichnam, die Verwendung des Nagels zu den Zügeln Constantins mit der Prophetenstelle, die silberne Hülle für das heil. Kreuz in Jerusalem zeigen, dass auch die von den früher besprochenen Berichten entfernteste Form der Acta Judae nicht eine von diesen ganz unabhängige Parallele ist. Die Aehnlichkeit wurde im Verlauf ihrer Entwickelung vermehrt durch die Motive des Venustempels, der Verwendung eines Nagels auch für den Helm Constantins, der Vertheilung der Kreuzreliquie auf Jerusalem und Byzanz, des Namens Macarius für den Bischof von Jerusalem.

Das heil. Kreuz wurde demnach zuerst von Helena gefunden und zuerst am Titel, dann durch Erweckung eines männlichen Leichnams erkannt, dann erhielt Helena zu Helfern erst Makarius, der das Kreuz an einer sterbenden Frau erprobte, dann Judas, der den Ort des Kreuzes angab und die Probe an einem männlichen Leichnam vornahm. Ursprünglich blieb das Kreuz in Jerusalem, später kommt ein Theil nach Byzanz. — Die Nägel wurden ursprünglich am Kreuze haftend mit ihm zugleich gefunden, erst in den Judasacten in Folge einer besonderen Nachsuchung.

Sozomenus, der bereits Erzählungen, die der letztgenannten Legendenform entsprechen, kennt, contaminirt die Rufinische Form der Erzählung mit der Geschichte von Judas, — vielleicht auch schon Socrates, wenn die Parenthese, in welcher er von den Nägeln sagt καὶ γὰρ καὶ τούτους ἡ μήτηρ ἐν τῷ μνήματι εὑροῦσα ἀπέστειλεν nicht im Sinne des Rufinus aufgefasst werden muss — und echt ist.

Die Zeit der Judasacten wird durch den Liber pontificalis (Anastasius bibliothecarius) bestimmt, wenn dessen Entstehung nach Duchesne, Étude sur le liber pontificalis, Paris 1877, in der Bibliothèque des Écoles françaises d'Athènes et de Rome, S. 173, aus dem Anfang des 5. Jahrhunderts stammt. Denn unter Eusebius findet sich die Notiz: *sub huius temporibus inventa est crux domini nostri Jesu Christi V. non. mai. et baptizatus est Judas qui et Cyriacus*; ed. Duchesne, S. 167. CVII ff. — In Syrien war die Judaslegende um die Mitte des 5. Jahrhunderts bekannt, Lipsius, Abgarsage, S. 85. — Auch Moses von Chorene, c. 470, weiss, dass Helene das heil. Kreuz und die fünf Nägel durch Hilfe eines Juden Judas gefunden hat, der später Bischof von Jerusalem wurde; ed. Whistoni filii, S. 218, l. II, c. 84.

In der folgenden Zeit sehen wir ein fortwährendes Schwanken zwischen der Rufinischen Legendenform mit Macarius und jener der Judasacten.

Zu einem lateinischen Hymnus auf die Kreuzerfindung, welcher ins 5. Jahrhundert versetzt wird, Holder, S. XI, bilden zwar die Acta Judae Quiriaci die Grundlage, aber das Object, an dem sich die Echtheit des heil. Kreuzes erprobt, ist nicht ein todter Mann wie in den Acta, ebenso bei Paulinus und Sulpicius Severus, sondern eine todte Frau, Holder, S. 43; vielleicht ein Compromiss zwischen dem todten Manne und der sterbenden Frau bei Rufinus, Theodoretus, Socrates, Sozomenus, ähnlich der Contamination bei dem letztgenannten Schriftsteller; s. oben S. 71.

Eine Anspielung auf Judas Quiriacus findet sich im Breviarius de Hierosolyma aus dem 6. Jahrhundert; s. Gildemeister in der Vorrede zu Theodosius de terra sancta, S. 13 und 31: *et ibi est esca, ubi fuit persuscitatus, per quem fuit crux declarata*, wenn man statt *esca fossa*, statt *persuscitatus persciscitatus* liest.

Gregor von Tours, S. 51. 489 ff., ed. Arndt, kennt Judas Quiriacus als denjenigen, durch dessen Hilfe Helena das heil. Kreuz gefunden habe, weiss aber in der Gloria martyrum auch, dass die Nägel zu den Zügeln und dem Kopf der Statue Constantins in Constantinopel verwendet worden sind; s. Socrates und Sozomenus. — Ein Nagel wird in das adriatische Meer geworfen. Den letzteren Zug vermuthen Peiper und Holder, S. 56, schon bei Avitus in der dunklen Stelle, S. 140, ed. Peiper, *et demerso in quoddam herbidum* (l. *mare fervidum*) *clavo*.

Der bei Gretser Opera II 59 angeführte Brief des Kaisers Leo, wohl des Weisen aus dem 9. Jahrhundert, an den Saracenenkönig Umarus setzt auch die Acta Judae voraus.

Paulus Diaconus aber in der Historia miscella l. XI, c. 15 beruht fast ganz auf Berichten wie sie Rufinus, Theodoretus, Socrates und Sozomenus bieten. Helena lässt den Venustempel abtragen, findet das Grab, die drei Kreuze und die Nägel so wie den Titulus. Das echte Kreuz gibt sich durch Heilung einer schwerkranken Frau zu erkennen. Ungeschickter Weise heisst es aber schon vorher *dicitur autem quia etiam mortuus crucis tactu surrexit*, s. Sozomenus, Paulinus, Sulpicius und Acta Judae Quiriaci. Die Nägel werden zu Zügel und Helm Constantins verarbeitet; s. Socrates, Sozomenus. Ein Theil des heil. Kreuzes findet seinen Platz an der Statue Constantins, ein anderer bleibt unter der Obhut Macarius' in Jerusalem; vgl. Rufinus u. s. w.

Ebenso fern stehen Theophanes, Georg Hamartolus, Gretser Opera II 44, Almannus von Hautvillers, im 9. Jahrhundert, und der chronologisch unsichere griechische Mönch Alexander, Gretser Opera II 24, den Acten des Judas Quiriacus und gehen auf die Kirchengeschichte des 5. Jahrhunderts zurück, und bieten nur im Einzelnen Züge, die sich auch in den Acten des Judas finden.

Theophanes ed. Boor 23, 19 weiss von dem Traumgesicht der Helena. Sie wird von Constantin μετὰ χρημάτων καὶ στρατευμάτων, also mit einem Kriegsheer, s. Paulinus, Sulpicius und die Acten des Judas Quiriacus, nach Jerusalem gesandt. Dort erfährt Macarius durch göttliche Eingebung, θεόθεν, dass das heil. Grab sich unter dem von Hadrian gegründeten Venustempel befindet. Die drei Kreuze werden mit den Nägeln gefunden und das echte durch Heilung der sterbenden Frau erkannt. Die Nägel verwendet Constantin für Helm und Zügel. Die ‚Heeresmacht' beweist nicht einen Zusammenhang mit den Judasacten, s. oben S. 67 bei Paulinus und Sulpicius. Die Erzählung beruht auf Rufinus. Nur ist neben der göttlichen Eingebung, die Helena zu Theil ward, nun auch Makarius, der sonst nur ein Mittel angab, das echte Kreuz zu erproben, mit einer solchen bedacht worden und dadurch das genaue Gegenbild des Judas Quiriacus.

C. 880 schrieb Almannus von Hautvillers bei Rheims eine homiletische Geschichte der Kreuzerfindung; Acta Sanctorum, 18. August, 549 ff. Auch er setzt vor allem Theodoretus, Socrates und Sozomenus voraus, die er aus der Historia tripartita des Cassiodorus kennt, 587 F *ut habemus ex sententia Socratis in Historia tripartita*, von der Tyrannei des Maxentius, s. Cassiodor Historia tripartita, ed. Migne, Latini, Band LXIX, l. I, c. 4, S. 887, Socrates l. I, c. 2, ed. Migne S. 38, — 588 E *ut narrat historia tripartita ex Socrate capite decimo octavo libri secundi*, von den durch Constantin eingesetzten Festen und angeordneten Kirchenbauten, s. Cassiodor Historia tripartita l. II, c. 18, S. 936, Socrates l. I, c. 16, S. 116, — 593 D *Consonat huic et historia tripartita narrans sic: Itaque mater imperatoris* u. s. w. von den zu Helm und Zügel verwendeten heil. Nägeln, s. Cassiodor Historia tripartita l. II, c. 18.

Unter der Ecclesiastica historia, welche er von der tripartita unterscheidet, versteht er, wie andere, die lateinische Uebersetzung und Fortsetzung der Kirchengeschichte des Eusebius durch Rufinus. So ist Almannus' Erzählung 593 C von der Kirche, welche Helena in Jerusalem gebaut habe und von der Verwendung der Nägel zu Constantins Zügeln und Helm, von dem heil. Kreuz, von dem ein Theil nach Constantinopel kam, der andre in einem silbernen Behältniss zu Jerusalem blieb, die Bedienung der Nonnen durch Helena, wobei er sich auf die Historia ecclesiastica beruft, wörtlich aus Rufinus Fortsetzung l. I, c. 8, ed. Migne S. 477, entnommen. Die Kreuzerfindung selbst, zu der Almannus das zehnte Buch der Ecclesiastica historia als Quelle citirt, 588 B, stimmt auch zu Rufinus Fortsetzung l. I, c. 7. 8, ed. Migne S. 475 f. Aber kleine Ungenauigkeiten laufen dabei unter; so sagt Almannus an der letztgenannten Stelle, dass Hadrian einen Venustempel über dem Grabe Christi habe erbauen lassen auf den Rath der Juden, damit die Christen dieses Grab nicht verehren könnten. Rufinus kennt wohl den Venustempel, sagt aber nichts von Hadrian,[1] ebensowenig Eusebius in den vorhergehenden neun Büchern, oder Cassiodor. Und auch nicht ganz richtig ist es, wenn Almannus sagt, 593 E, dass beide Geschichtswerke, die Historia tripartita und die ecclesiastica, berichten, Helena sei zu Constantin zurückgekehrt. Cassiodor sagt dies allerdings ausdrücklich, l. II, c. 18, ed. Migne S. 237, die historia ecclesiastica des Rufinus aber nur, insofern sie Helena die Nägel zu Constantin bringen lässt, *portat*, l. I, c. 8, ed. Migne S. 477. — Ausserdem führt er Sozomenus besonders an, 588 A, für das strahlende Kreuz, welches Constantin erschienen sei, s. Sozomenus l. I, c. 3, ed. Migne S. 866, während die Historia tripartita des Cassiodorus diese Erzählung nach Socrates bringt, Cassiodorus l. I, c. 5, ed. Migne S. 888, Socrates l. I, c. 2, ed. Migne S. 38 — dann Orosius 584 B. E, 588 D, — die Gesta beati Silvestri 587 F, — Beda 593 F, 598 A, — und die Gesta pontificum roma-

---

[1] Allerdings kann ich Eusebius-Rufinus nur nach Grynaeus 1570 benutzen, da Cacciaris Ausgabe Rom 1740 in den Wiener Bibliotheken fehlt.

norum 598 A, — aber alle diese bei Umständen, welche mit der Kreuzerfindung direct nichts zu thun haben. Die Acten des Judas Quiriacus, die er nicht nennt, hat er auch nicht benutzt. Nach Almannus wird die Trierin Helena durch Träume und Gesichte ermahnt, das Kreuz zu suchen, s. Socrates, Sozomenus nach Rufinus, 587 B, 588 A. B, 589 A, und zieht *cum ingenti multitudine et regia ambitione*, d. h. vielleicht mit einem Heer — s. Theophanes, oben S. 73 — nach Jerusalem, 588 A, zerstört den von Hadrian errichteten Venustempel über dem Grab Christi, durch den die betenden Christen den Anschein erhielten, der Göttin zu dienen, 588 B, s. Sozomenus nach Rufinus, findet die Kreuze, von denen das Christi sich auf das Gebet des Bischofs Makarius als das echte bewährt, indem es eine sterbende Frau heilt, 588 B, s. Theodoretus, Socrates, Sozomenus nach Rufinus. Die Nägel, von denen, wie bei Sozomenus nach Rufinus, nicht ausdrücklich gesagt wird, dass sie damals auch gefunden wurden, dienen zu Zügeln und Helm Constantins, 588 D. Ein Theil des heil. Kreuzes kommt nach Constantinopel, der andre bleibt in einem silbernen Behältniss in Jerusalem; Helena zeigt ihre Demuth dadurch, dass sie Nonnen wie eine Magd bedient, wie bei Theodoretus, Socrates und Sozomenus nach Rufinus.

Zonaras, 11. 12. Jahrhundert, gibt Helenen den Papst Silvester als Begleiter bei, l. XIII, c. 1, ed. Dindorf III, S. 173.

Die Gesta Trevirorum aus dem Anfang des 12. Jahrhunderts, Pertz Scriptores VIII 125 bieten sonst keine Einzelheiten, aus denen man sehen könnte, welche Legendenform sie voraussetzen, lassen aber Helena *cum magno exercitu* nach Jerusalem ziehen, was trotz der wörtlichen Uebereinstimmung mit den Acten des Judas Quiriacus *unacum exercitu magno* nicht aus ihnen zu stammen braucht; s. oben S. 73. 67 bei Theophanes und Paulinus.

Die Repkowsche Chronik, 13. Jahrhundert, Pertz Deutsche Chroniken II 122, verbindet, wie Weiland sagt, in ihrer Erzählung von der Kreuzerfindung den Bericht des Rufinus mit den Acta S. Judae Quiriaci. Helena zieht mit einem Heer nach Jerusalem, des übrigen wegen gewiss nach den Judasacten.

Ebenso ist die Erzählung der Legenda aurea, 13. Jahrhundert, eine kritische Sammlung verschiedener Berichte. Denn obwohl der Verfasser sagt *in hac historia nulla ponuntur, quibus contradicat Historia tripartita et ecclesiastica et Vita S. Silvestri et Gesta pontificum romanorum* — dieselben Quellen, welche Almannus erwähnt, — so erzählt Jacobus doch die Kreuzerfindung nach den Judasacten, und bemerkt nur, dass die Thatsachen in der Historia ecclesiastica abweichen.

Nicephorus Callistus, um 1350, aber geht wieder auf Sozomenus und den Makariustypus zurück, Gretser Opera II 58.

In der für grösseres Publicum bestimmten Litteratur der Landessprachen werden immer die Judasacten zu Grunde gelegt. So in England bei Cynewulf und in den von Morris in der Early English Text Society 1871, unter dem Titel Legends of the holy rood herausgegebenen Stücken, s. N. I. II. III. IV. V. VI, obwohl Judas erst in einem Nachtrag genannt wird, S. 121, XI.

In Deutschland ist die älteste Darstellung der Kreuzerfindung in dem mittelfränkischen Legendar erhalten, welches Busch in Zachers Zeitschrift für deutsche Philologie X. XI herausgegeben und besprochen hat. Der Text steht X 125 ff. und XI 21 wird gezeigt, dass die Grundlage der Darstellung die Judasacten sind, aber verbunden mit einem Zuge der Makariusrecension, XI 30 f. — Ebenso ist das Verhältniss im Passional ed. Köpke 272, 67 ff. Nur kennt und citirt der gelehrtere Verfasser sogar Ambrosius, 276, 68. 278, 9, und weiss von dem Nagel, der das adriatische Meer beruhigte, 277, 80 ff., was Niemand als Gregor von Tours erzählt, aber von der Verwendung zu dem Helm Constantins spricht er so wenig, als die Judasacten der gewöhnlichen Redaction.

Der unhistorische Charakter der Kreuzerfindungslegende wurde schon früh bemerkt: sie steht auf dem Index des Papstes Gelasius, dessen Datirung zwischen 496 und der ersten Hälfte des 6. Jahrhunderts schwankt, Holder Inventio s. crucis S. 53: *scripta de inventione crucis dominicae, velut quae sint novellae quaedam relationes*; Acta Sanctorum Boll. Mai I 362, Gildemeister und Sybel, Der heil. Rock I² 15. — Welche Redaction damit verurtheilt wird, ist allerdings nicht ersichtlich. — Ebenso gab es über den Papst Silvester, den heil. Johannes der Täufer, über Geburt und Tod der heil. Jungfrau, Erzählungen, welche die Kirche verbot; s. Holder S. 53 und Abt Allfric in

den angelsächsischen Homilien und Heiligenleben, ed. Assmann
S. 24, III 5ff.; vgl. auch S. 250.

Die Geschichte von der Kreuzerfindung im Seghelijn geht
deutlich von der Judasrecension aus. An dessen Stelle ist
Judas Maccabaeus getreten, um Helenen, wie Judas Quiriacus,
den Platz des heil. Kreuzes zu zeigen, obwohl er sich anfangs
wie dieser weigert. Die Bewährung des echten Kreuzes an
einem Todten, der Zorn des Teufels, die Taufe Judas stimmt
zu den Acten Judas. Die Gleichstellung beider Judas wurde
vielleicht durch einen dritten Judas vermittelt, Judas Gaulonites,
der nach Archelaus' Verbannung im Jahre 12 nach Christus
in einem Aufstand gegen die Römer kämpfte und dabei sein
Leben verlor. Dass das heil. Kreuz nach Rom kam, ist nicht
nur den Judasacten, sondern auch der übrigen legendarischen
Ueberlieferung fremd. Aber es liegt nur eine begreifliche Verwechslung Roms mit Constantinopel vor, wohin seit Rufinus
ein Theil des heil. Kreuzes gebracht worden sein soll.

Nicht so deutlich entspricht die Kreuzerfindung im Prolog
der Vengeance jener Legendenform, in welcher Macarius Helenen zur Seite steht, an dessen Stelle Nicodemus getreten wäre.
Für diese Gleichsetzung wäre der entschieden christliche Charakter des Nicodemus anzuführen, gegenüber dem Judas Maccabaeus des Seghelijn, und die Bewährung des echten Kreuzes
durch Heilung, nicht durch Erweckung vom Tode; s. oben
S. 67 f. Rufinus und seine Ableitungen.

Aber auch die Cyriacuslegende schimmert in dem Prolog
der Vengeance durch; das echte Kreuz wird zwar durch Heilung
erkannt, erweckt aber dann auch wie dort einen Todten zum
Leben, und die Mandragora stammt daher; s. oben S. 69.

Dem Prolog, wie dem Seghelijn gemeinschaftliche Züge,
die nicht in der Legende vorkommen, sind, dass in Aussit
und in Rom die Glocken von selbst dem heil. Kreuz entgegen-
läuten, dass das heil. Kreuz in beiden Städten noch weitere
Heilungswunder bewirkt.

Die ganze Umformung der Legende ins Ritterliche und
Kriegerische, welche sowohl der Seghelijn als der Prolog zur
Vengeance zeigen, ist durch das Heer entstanden, welches
Helena nach den Judasacten, aber auch bei Theophanes und

möglicherweise schon viel früher nach Jerusalem begleitet haben soll; s. oben S. 67. 73. Statt des Papstes Silvester — bei Zonaras — hat Helena einen Helden zum Begleiter erhalten; sie führt Krieg mit den Juden in Palästina und kämpft selbst. — Das heil. Kreuz zog den Balsam Christi nach sich in den Besitz der Helden, — Seghelijn einer-, Helene andererseits gewinnen ihn im Kampf Heiden und Juden ab.

Wenn man nun die zwei Romane dem Orendel gegenüberstellt, so sehen wir zunächst eine Reihe von Uebereinstimmungen zwischen allen drei Gedichten. Wie im Seghelijn und der Vengeance finden wir im Orendel eine Christusreliquie, die eine wichtige Rolle spielt, ausserdem kommen noch andere Christusreliquien in weniger hervorragender Stellung vor, im Seghelijn Geissel, Schale, Nägel, Lanze, Dornenkrone, Balsam, in der Vengeance der Balsam und eine Abbildung des gekreuzigten Christus, im Orendel Kreuz — die Hauptreliquie der andern Romane, — Lanze, Dornenkrone, Nägel. — Ein Jude weiss von dieser Reliquie vor dem Helden, der Heldin, im Seghelijn Judas Maccabaeus, in der Vengeance Nicodemus, im Orendel s. oben S. 2. — Der Held hat in Palästina Kämpfe zu bestehen, in denen eine feindliche Festung vorkommt, im Seghelijn Yzona, in der Vengeance Aussit, im Orendel Alzit. — Die Heldin kämpft an der Seite des Helden, im Seghelijn Seghelijn und Helena, in der Vengeance David von Troja und Helena, im Orendel Orendel und Bride.

Ausserdem stimmt der Orendel zum Seghelijn in folgenden Punkten. Im Seghelijn herrscht in Jerusalem König Prides, im Orendel Königin Bride. Der Held ist einem Fischer dienstbar, der vornehmer dargestellt wird als sonst gewöhnlich Fischer. — Der Held erhält ein altjüdisches Schwert, im Seghelijn das Moses', im Orendel das Davids, und ein gegen Wunden schützendes Kleid, im Seghelijn eine Rüstung, in Orendel den heil. Rock, also im Einzelnen ganz verschieden. — Der Held erscheint bei Hofe anfangs unritterlich, erhält dann Waffen und legt seine Waffenprobe in einem Turnier ab. — In seinem neuen Glück gedenkt der Held des Fischers und belohnt ihn reichlich. — Der Held hat wiederholte Kämpfe gegen heidnische Riesen zu bestehen, Seghelijn gegen Clinckaert, Clincker,

Bonacroy und Gloriclaudes, denen er die Reliquien abgewinnt, ausserdem noch einen gegen Claudes, Orendel gegen Mentwin, Liberian und Belian, aber die näheren Umstände weichen ab. — Der Held geräth in heidnische Gefangenschaft; auch hier sind die Einzelheiten in jeder der beiden Dichtungen anders. — Die Heirat des Helden ist prophezeit worden, aber nur im Orendel mit der Heldin, Briden, im Seghelijn die Seghelijns mit Floretten von Rom, der Tochter Constantins und Helenens. — Ein Zwerg leistet dem Helden oder der Heldin Dienste; im Orendel heisst er Alban. Die Einzelheiten sind dabei ganz verschieden. — Ein Diener des Helden erweist sich ungeschickt beim Pferdefang, im Orendel Ise. — Die Bedrängnisse und Misshandlungen der Frau des Helden — Florettes, Bridens — haben nur allgemeine Aehnlichkeit. — Ausserdem erscheinen im Orendel und Seghelijn als Nebenreliquien Lanze, Dornenkrone und Nägel; Orendel 2873. 2894. 3782ff., — die Hauptreliquie des Seghelijn, das heil. Kreuz, ist im Orendel Nebenreliquie 2873. 2894.

Mit dem Prolog der Vengeance allein trifft der Orendel dadurch zusammen, dass die palästinische Festung, bei der oder um die gekämpft wird, den gleichen Namen trägt, Aussit, Alzit, Orendel 2637, — in dem Anruf des Helden oder der Heldin in der Schlacht, Orendel 2083, in der Hilfe, welche sie sich leisten, als Helene, als Orendel sein Pferd im Kampfe verloren hat, — dann dass in beiden Dichtungen ein Asillans, Achille von König David besiegt, vertrieben wird; Orendel 3420. Die Hauptreliquie der Vengeance, das Kreuz, erscheint auch im Orendel als Nebenreliquie 2875. 2894.

Diese Uebereinstimmungen erklären sich nur dadurch, dass zuerst aus der älteren, reicheren, berühmteren Kreuzerfindungslegende sich ein Roman entwickelt hatte, von dem die wichtigsten Züge zur Erfindung eines andern Romanes verwendet wurden, welcher auf der Legende vom heil. Rock beruht. Wenn man sich dies im Einzelnen vorstellen will, ist es nöthig immer vor Augen zu haben, dass neben den romantischen Wucherungen die alten kirchlichen Legenden noch immer lebendig waren, und ebenso auch die älteren Stadien der Romane durch die jüngeren nicht aus der Welt geschafft wurden, sondern immer noch ihre Wirkung üben konnten.

Entwicklung der Orendelsage.

Noch als Helena in Constantinopel, nicht in Rom gedacht wurde, sie also noch eine griechische Helena war, wurde ihr auf ihrer wie ein Kriegszug aufgefasste Kreuzfahrt, s. oben S. 67. 73, statt des Papstes Silvester, s. oben S. 75, ein zwar heiliger, aber ritterlicher Helfer an die Seite gestellt. Das scheint zuerst König David von Jerusalem, im Orendel Vater der Heldin, gewesen zu sein, der Besitzer des berühmten Schwertes, — so im Orendel, im Seghelijn stammt das Schwert von Moses. Da im Seghelijn der Held noch nicht Geliebter oder Gatte Helenens ist, nur ihr ritterlicher Beistand, so darf man vermuthen, dass dies auch die ursprüngliche Rolle Davids von Jerusalem gegenüber Helenen war. Dagegen ist das Schwert gewiss ursprünglich das Davids, nicht Moses'; s. oben S. 31. — Aber da Helena als Griechin, die mit einem Helden nach dem Orient zog, an die Helena der griechischen Heldensage erinnert, die von Paris nach Troja entführt wurde — s. Almannus von Hautvillers oben S. 12, ausserdem David mit Troja in Beziehung gebracht worden war, s. oben S. 13 f., so wurde David zum König von Troja und zum Mann Helenas gemacht (Vengeance). Da der Held dadurch Paris gleichgestellt wurde, so wurde die Prophezeiung vor Paris Geburt, s. oben S. 56, auf ihn übertragen (Seghelijn), in der Form, dass der zu erwartende Sohn das Christenthum aufrichten und seinen Vater tödten werde. Letzterer Zug stammt vielleicht aus der Oedipussage. Der Held soll demnach gleich nach seiner Geburt getödtet werden, wird aber gerettet und von einem Fischer aufgezogen (Seghelijn). Dieser Umstand hat zur Folge, dass der Held erst unritterlich erscheint, seine Waffenprobe in einem Turnier ablegt und dann den Fischer belohnt (Seghelijn, Orendel). Dadurch ergibt sich eine Aehnlichkeit mit dem griechischen Roman, speciell mit Apollonius von Tyrus, der nun seinen Einfluss auf den legendarischen Roman ausüben kann. Vgl. auch die Episoden von Beuves de Hanstone, wo das verlassene Kind des Helden von einem Fischer aufgezogen wird, von Baudouin de Sebourg, der im Elend von einem Schuster erhalten wird und diesen dann glänzend belohnt, von Salomon, der auch in einem hilflosen Zustand bei einem Fischer Zuflucht und Dienst findet; s. oben S. 57. 18 f., 20.

In der Vengeance ist dieser Weg von David von Troja zu
Paris von Troja noch nicht zurückgelegt, das Jugendschicksal
dieses noch nicht auf David von Troja übertragen worden.
Ob der helfende Held schon Helenen als Kreuzerfinderin
prophezeit wurde (wie im Orendel), ist nicht sicher. Bezeugt
ist in dem Kreuzerfindungsroman nur die Prophezeiung, dass
der Held (Seghelijn) die Tochter Helenens und Constantins
(Floretten) heiraten werde. Allerdings kündigt ein Engel Helenen an, dass Seghelijn die Reliquien der Geissel, der Schale,
der Nägel, der Lanze bringen werde. Möglich dass er ursprünglich auch die Aufgabe hatte, sie zur Gewinnung des
heil. Kreuzes durch denselben Helden aufzufordern, oder ihr
vorherzusagen, dass sie mit ihm diesen höchsten Schatz gewinnen werde.

Der Zug nach dem heil. Lande wurde als ein Kriegszug aufgefasst, wie in der Legende, s. oben S. 77, zu dem
Helene im Traume aufgefordert wurde, Vengeance, an dem
sie selbst kämpfend Theil nimmt, Seghelijn, Vengeance,
Orendel. — Die Kämpfe fanden um Aussit, Alzit statt, Vengeance, Orendel. — Das Resultat ist die Auffindung des heil.
Kreuzes, wobei ein Jude behilflich ist, im Seghelijn Judas
Maccabaeus, in der Vengeance Nicodemus; — im Orendel kommt
nur ein ungenannter alter Jude vor, der vor dem Helden mit
dem heil. Rock zu thun hat, — in der Legende vom heil. Rock
aber ein Jude Simon, Jacobs Sohn, der angiebt, wo sich der
heil. Rock befindet; s. oben S. 49.

Ursprünglich wurden wohl auch die Nägel gefunden: aber
unsre Romane haben das nicht; im Seghelijn kommen die Nägel
als Reliquie schon vor Auffindung des heil. Kreuzes vor, in
dem kurzen Bericht der Vengeance fehlt jede Erwähnung derselben, im Orendel werden sie beiläufig unter den Reliquien
Jerusalems erwähnt. — Kreuz und Nägel zogen dann den heil.
Balsam nach sich, Seghelijn, Vengeance.

Episodisch wurden verwendet ein helfender Zwerg, Seghelijn, Orendel, — und ein Diener, welcher sich beim Fang der
Pferde ungeschickt anstellt, Seghelijn, Orendel.

Als Constantin und Helena, seit man den römischen Kaiser
blos auf Rom bezog, in diese Stadt versetzt wurden, ergab
sich die Veranlassung zu einer seltsamen Contamination. Wenn

Helena mit einem Helfer nun von Rom statt von Constantinopel gegen die Juden zog, so erinnerte das an den berühmten Krieg der Römer gegen die Juden, den man als Strafe für die Tödtung Jesu Christi auffasste; s. die Vindicta Salvatoris. Helena wurde zur Tochter des Kaisers Vespasian gemacht, und ihr Kriegszug mit David von Troja gegen die Juden war ein Vorspiel des grossen Krieges der Römer gegen die Juden, welcher mit der Zerstörung Jerusalems endigte; so in der Vengeance, — im Soghelijn, wo Constantin und Helena auch in Rom residiren, wurde die Möglichkeit der Contamination noch nicht benutzt.

Eine andere Form dieser Contamination ist es, wenn Constantin an die Stelle von Tiberius oder Vespasian tritt, jener römischen Kaiser, welchen die Bestrafung des Pilatus und der Juden zugeschrieben wird; s. Creizenach in Paul-Braunes Beiträgen I 97, Berger CIII. Rohde bei Suchier, Denkmäler der provenzalischen Litteratur 636, bespricht eine Romanische Weltchronik, in der Constantin wie sonst Tiberius, Titus, Vespasian wegen einer Christenverfolgung vom Aussatz befallen wird, s. Lipsius Abgarsage 81 f. Eben dahin deuten wohl auch die Namen Tiberi Constantin, Tiberius Constantinus, Suchier vor den Werken Philippe Remis de Beaumanoir XXXVIII. Singer macht mich darauf aufmerksam, dass in der Παράδοσις Πιλάτου, Tischendorf Evangelia apocrypha, 1853, S. 426 ff., der ungenannte Kaiser Καῖσαρ, der an der Stelle des Tiberius steht, einen Statthalter Λικιανός, Λικίννιος, gegen die Juden schickt: es könnte Constantin und sein Mitkaiser und Gegner Licinius gemeint sein.

Aus diesem Zusammenhang wahrscheinlich stammt auch die Besiegung, Vertreibung Asillants (Vengeance), Achilles' (Orendel) durch König David, da Asillans als Sohn des Herodes bezeichnet wird (Vengeance).

Matthaeus von Edessa, ein armenischer Geschichtsschreiber des 12. Jahrhunderts, soll Gottfried von Bouillon das Schwert Vespasians zuschreiben; Reiffenberg Le Chevalier au cygne CLI, Graf Roma nella memoria del media evo II 586. Das hat gewiss nichts mit dem Schwert Davids (Orendel), Moses' (Seghelijn) in unsrer Ueberlieferung zu thun, soll nur besagen, dass Gottfried von Bouillon das Werk Vespasians fortgesetzt, wiederholt habe.

Eine andere Entwicklungsreihe ist in ihren letzten Stadien jünger, als die besprochenen, weil sie diese voraussetzt und direct auf den Orendel mit der Rocklegende führt. Es wurde nämlich die Kaiserin Helena wegen ihrer Namensgleichheit mit der Königin Helena von Adiabene auch zur Königin von Jerusalem gemacht, s. oben S. 12, so in einer syrischen Handschrift der Judaslegende, Lipsius Abgarsage 80, wodurch sie als Nachfolgerin, dann Tochter des Königs David von Jerusalem erschien, des Besitzers des berühmten Schwertes. Ist Helena aber Königin von Jerusalem, so musste ihr Helfer bei der Kreuzerfindung von aussen her nach Jerusalem kommen, konnte nicht David von Jerusalem selbst sein, wie in der oben besprochenen Entwicklungsstufe. Da die Vorstellung von kriegerischen Thaten, die sie mit diesem Helfer vor der Kreuzerfindung vollführen sollte, schon fest war, so musste die Königin von Jerusalem im Conflict mit ihren eigenen Unterthanen erscheinen, entweder hartnäckigen Juden, oder Heiden, die ihrem Reiche unterworfen waren. Diese Sagengestalt liegt dem Orendel zu Grunde; nur heisst die Heldin Bride statt Helena, warum ist dunkel, der von auswärts kommende Helfer ist Orendel von Trier und die inneren Verhältnisse des Reiches von Jerusalem tragen das Costum der Kreuzzüge, was man in Bezug auf den Seghelijn und die Vengeance nicht sagen kann. Der Name Orendel kann jung sein, d. h. erst aus dem Stadium der Rocklegende stammen, wie jedenfalls die Beziehung auf Trier, aber Bride oder ähnlich scheint die Königin von Jerusalem, zu der sich Helena entwickelt hatte, schon geheissen zu haben, als die Legende noch die der Kreuzerfindung war. Denn im Seghelijn, dessen Kern noch diese Legende ist, nicht die vom heil. Rock, finden wir König Prides von Jerusalem, den Vater des Helden, und wenn der Verfasser des Orendel, der das jüngste Gericht nach Trier versetzt, 3168f., ohne durch vorhergehende litterarische Entwicklungen beeinflusst zu sein, die Legende vom heil. Rock zu einem Roman von dem trierischen König Orendel verarbeitet hätte, würde er gewiss nach der seit dem 12. Jahrhundert auftauchenden Meinung, s. Kaiserchronik 10404 ff. und Gildemeister und Sybel, Der heil. Rock I[2] 47, den Rock Christi durch Helena nach Trier haben bringen lassen.

Da der Held, der Helfer Bridens von Jerusalem, der wegen der früher besprochenen Parallele — David von Jerusalem, dann Troja und Helena: Paris und Helena — ihr Geliebter und Mann werden sollte, von auswärts nach Jerusalem kommt, also den Weg der Kreuzfahrer nehmen muss, so wurde das von David von Troja und dem Parisorakel ausgehende Motiv, nach welchem der Held in die Gewalt und Dienstbarkeit eines Fischers geräth (Seghelijn), in der Weise auf den von auswärts kommenden Helden und Helfer übertragen, dass er nach bekannten Mustern in den Orient zieht, um eine Braut zu erwerben, dabei wie Odysseus und die Helden der griechischen Romane Schiffbruch leidet, um auf diese Weise in die schon gegebene und durch die Geschichte von Salomo und vielleicht Johannes, s. oben S. 20, weiter empfohlene Dienstbarkeit des Fischers zu kommen. Dabei wurden die Einzelheiten des griechischen Romans und der Legenden, wie Faustinian s. oben S. 20, benutzt. Der Fischer rettet den Helden und verschafft ihm einen Mantel, hält ihn aber als seinen Knecht. Da die Dienstbarkeit bei dem Schiffer, dadurch, dass der Held als Kind von ihm aufgezogen wurde, schon vorher vorhanden war, die gezeichnete Entwicklung, also in jene früher geschilderte einmündete, so konnten nun leicht auch deren weiteren Episoden, das unscheinbare, unritterliche Auftreten bei Hofe, der Sieg im Turnier, die Belohnung des Fischers, s. oben S. 80, sich anschliessen, besonders da diese Einzelheiten aus dem griechischen Roman bekannt waren. Dazu kam aber das komische Motiv der Zurückforderung des Knechtes von Seiten des Fischers, denn in dem früheren Stadium war ja der Held dem Fischer nur insofern dienstbar, als er ihm zur Erziehung überlassen war, und der Anlage des Ganzen gemäss die Heirat mit der Königin, zu welcher ja auch der griechische Roman eine Analogie bot. Uebrigens stimmt hier auch die Geschichte Beuves von Hanstone in ihrem zweiten Theil zu unsrem Roman.

Die Einzelheiten der Ausstattung des Helden durch den Fischer und die Art und Weise der Belohnung, Schuhe und grauer Mantel, *cote*, hohe Würde und Bewahrung der Reliquien, wie sie im Orendel erzählt werden, stimmen so genau zu der Erzählung von Baudouin de Sebourg, s. oben S. 8 f., dass man wohl annehmen muss, es habe eine Anekdote, welche sich an die

Person eines historischen Königs von Jerusalem angeschlossen hatte, auf die Geschichte eines legendarischen und romanhaften Königs von Jerusalem ihren Einfluss geübt. Die historische Anekdote hat nichts mit dem griechischen Roman oder den Legenden nach Art des Faustinian zu thun; der Held ist nicht schiffbrüchig, der Retter, oder vielmehr Wohlthäter, ein Schuhflicker, eine Dienstbarkeit findet nicht statt: Baudouin verwahrt sich ernstlich gegen die mehr scherzhafte Zumuthung des Schusters, sein Handwerk bei ihm zu lernen.

Nach der Heirat sollte die Gewinnung des heil. Kreuzes durch Bride in Gesellschaft des Helden in einer Form folgen, die wir nicht mehr bestimmen können, aber wahrscheinlich in ebenso kriegerischer Weise wie im Seghelijn und im Prolog der Vengeance.

Ob diese Heirat schon in diesem Stadium des Romanes, als noch die Kreuzerfindung die Grundlage bildete, durch eine Vorhersagung bestimmt war (Orendel), oder ob diess erst geschah, als die Vertauschung mit der Rocklegende vor sich ging, ist zweifelhaft; s. oben S. 80 f.

Auch dass die Beschenkung des Helden mit dem Mantel und damit auch die Einzelheiten der Belohnung des Fischers schon in unserem Stadium des Romanes vorkam, ist nicht ganz sicher. Es brauchten ja nicht alle Züge des griechischen Romanes zur gleichen Zeit aufgenommen zu werden. Aber eine gewisse Wahrscheinlichkeit hat diese Annahme. Bei ihr nämlich würde sich die Vertauschung der einen Legende mit der andern gut erklären; man hätte den heil. Rock dem Mantel des Romanes untergeschoben und dadurch Veranlassung gegeben, die Grundlage desselben, die Kreuzerfindungslegende, abzutragen und das Ganze auf der neuen, der Legende vom heil. Rock, aufzubauen.

Dabei stammt Art und Weise der Auffindung des heil. Rockes, wie sie das Gedicht von Orendel erzählt, vielleicht aus der Salomonsage; s. oben S. 20. Da der Held unseres Romanes wie Salomon im Elend zu einem Fischer in Dienst geht, und Salomon den für ihn so wichtigen Ring im Magen eines Fisches findet, konnte, nachdem sich die Vorstellung gebildet hatte, dass der Held, welcher mit Helena das heil. Kreuz gewinnen sollte, nach Analogie des griechischen Romanes, von dem Fischer einen Mantel bekam, nicht nur der heil. Rock mit diesem Mantel identificirt, sondern auch, da sich nun die Frage erhob, woher hatte der Fischer die Reliquie?, dieser Rock nach Muster der Salomonsage in den Magen eines Fisches versetzt werden. Die legendarische Eigenschaft des Rockes vor Gericht zu schützen ist dann vielleicht wegen der wunderbaren Rüstung Seghelijns im Kreuzerfindungsroman dieser entsprechend umgewandelt worden.

Eine gewisse Aehnlichkeit übrigens hatten schon die kirchlichen Ueberlieferungen von der Auffindung des heil. Kreuzes und des heil. Rockes durch die Personen des Simon Jacobi und des Judas Quiriacus; s. oben S. 81. Sollte Stephan und Elisabeth, die Verwandten Ises, aus einer ähnlichen jüdischen Genealogie stammen wie der des genannten Simeon oder Judas?

Dass man nach der Einführung des Rockes die Legende von der Auffindung des heil. Kreuzes aus dem Romane ganz wegliess, ist begreiflich, aber gewiss ist es nicht sofort geschehen. Man darf Erzählungen vermuthen, in denen Rock und Kreuz vorkamen.

Was bei der Abfassung des Orendel oder seiner Vorlage zu den genannten Elementen sicher neu hinzutrat ist nur was sich auf den heil. Rock und Trier, den Ort, der von dem heil. Rocke angezogen worden war, bezieht, — also der oben S. 2 als I bezeichnete Abschnitt, die Vorgeschichte des Rockes, der Zug Orendels nach Trier um es von heidnischen Feinden zu befreien, — aber der Pferdefang Ises ist alt — die Niederlegung des heil. Rockes zu Trier in einem Steinsarg, Abschnitt X, s. oben S. 7f., die Herabdrückung des Kreuzes zur Nebenreliquie; s. oben S. 39. — Wenn die Prophezeiung der Heirat des Helden mit Briden nicht alt ist, s. oben S. 85, so kommt sie natürlich jetzt hinzu. — Die legendarische Ueberlieferung von Simon, dem Sohne Jacobs, s. oben S. 81, war so nicht zu brauchen, da der heil. Rock dem Helden auf andere Weise als durch die Angaben dieses Simon, er befinde sich zu Zaphat *in arca marmorea* zukommen sollte. Aber ein, wenn auch blasser Rest dieses Simon ist wahrscheinlich der ungenannte alte Jude, der im Orendel den heil. Rock in einem Steinsarg in das Meer versenkt.

Was im Orendel aus dem Kreuzerfindungsroman stammt, ist oben S. 78 bei den Uebereinstimmungen zwischen allen drei Romanen und denen des Orendel mit der Vengeance oder mit dem Seghelijn angegeben worden. Von den in der letztgenannten Vergleichung als unsicher bezeichneten Punkten kann man absehen.

Aber auch noch vieles andere, der Kreuzzug Orendels, das ganze Kreuzzugscostüm des Gedichtes von Orendel, die Einzelheiten des Schiffbruches, der Rettung durch den Fischer Ise, die Umstände, unter denen der Held bei Hofe auftritt, die ihn erst der Verachtung aussetzen um dann Bewunderung und Eifersucht zu erregen, sein Verhältniss zu Briden, die lang verzögerte, dann keusche Heirat, die heidnischen Bewerber um Bride, die drei Riesenkämpfe, die anderen Kämpfe gegen die Heiden, die Gefangenschaft des Helden, auch die Art wie Orendel zuletzt von den Grossen des Reiches anerkannt wird, selbst wenn die übernatürliche Vorhersagung der Heirat Orendels und Briden erst dem Stadium der Rocklegende angehört, s. oben S. 85, alles kann schon in verlorenen Darstellungen des älteren Romanes vorgekommen sein, dem die Kreuzerfindung zu Grunde liegt. Ja auch der sogenannte zweite Theil des Orendel, der wie Vogt gezeigt hat, 471, dem Morolftypus angehört, der Verlust Jerusalems an die Heiden, die Wiedereroberung durch die Christen mit der zweimaligen Gefangenschaft der Heldin, — obwohl ich auf die Leiden der Kaiserin Florete nach ihrer Heirat mit Seghelijn kein besonderes Gewicht lege, — konnte im Zusammenhang der Kreuzerfindung erzählt werden, ebenso das gottselige Ende des Helden und der Heldin. Für die Zugehörigkeit einer Person, die nur in diesem Theile des Orendel vorkommt, des Herzogs Achille, und die wegen seiner Beziehungen zu David und Ise vorauszusetzende ausführlichere Vorgeschichte des Romanes in Bezug auf die palästinischen Verhältnisse zu dem Kreuzerfindungsroman ist oben ein Argument angeführt worden; s. oben S. 42.

Was die Namen Orendel und Ougel betrifft, so ist die Sache zweifelhaft. Wären sie sonst mit Trier verbunden, so könnte man sie mit Zuversicht dem Roman vom heil. Rock zuschreiben. Da wir aber von Ougel gar nichts wissen, der Zwerg Ouglin des Siegfriedsliedes auch keine Hilfe gewährt, und ausser dem König Orendel von Trier nur ein Heiliger des 9. Jahrhunderts Orendel vom Kloster Murhart, weit von Trier, bekannt ist, s. oben S. 14, so muss die Möglichkeit offen gehalten werden, dass die Namen Orendel und Ougel wie der Bridens, s. oben S. 83, schon im Stadium der Kreuzerfindung vorkamen.

Dass es in der Vorgeschichte des Orendel wahrscheinlich parallele Berichte über die Belohnung Ises und die Gefangenschaft Bridens gab, ist oben S. 37. 42 bemerkt worden. Das beweist die Beliebtheit und das Alter der Sage.

Eine wirkliche Verwandtschaft des Orendel ausser mit Segbelijn und dem Prolog der Vengeance möchte ich nur annehmen in Betreff von Legenden wie der des Faustinian, s. oben S. 20, des griechischen Romanes, vor allem des Apollonius von Tyrus, wie Berger gezeigt hat XC ff., s. oben S. 18, eines Zuges der Odyssee, s. oben S. 18, der Episode des Baudouin de Sebourg, s. oben S. 18, der Salomonsagen vom Djinn und Morolf, s. oben S. 20 und S. 44 und des Beuves de Hanstone in der Episode von seinem Auftreten in der Fremde, dem Turnier mit geliehenen Waffen, seiner Heirat mit Sibylle, s. oben S. 30, einer Entwicklung die selbst wieder auf Apollonius zurückgeht, nur dem Orendel näher steht als der griechische Roman und auch näher als Jourdain de Blaivies, einer anderen früheren Ableitung des Apollonius, von Geschichten und Legenden des Typus Faustinian, Egill, Johannes Evangelista, Aboulfaouris, s. oben S. 19. 20, insofern in ihnen Schiffbruch und Dienstbarkeit verbunden sind, — der Evangelien in Bezug auf den reichen Fischzug, s. oben S. 21.

Dagegen scheinen mir die anderen Uebereinstimmungen im Beuves, s. oben S. 30, zufällig: seine Sprödigkeit und Enthaltsamkeit gegenüber Sibylle beruht auf seinem früheren Verhältniss zu Josianen, dem im Orendel, auch im Segbelijn und der Vengeance, nichts ähnliches entspricht. Ebenso die in den Gralromanen, s. oben S. 30, Percevals unritterliches Auftreten ist sehr verschieden von dem Orendels, ganz anders motivirt und gehört einer besonderen Sippe an, — in den Acten des Johannes, s. oben S. 20, denn Bride kann nicht auf die Badewirthin Romana zurückgehen, weil sie vielmehr aus der heil. Helena entstanden ist, — und der Christusgeschichte; s. oben S. 23.

Noch viel weiter ab allerdings stehen die Erzählungen von Odysseus, Müllenhoff, S. 30. 42 ff., abgesehen von dem oben erwähnten Zuge, — das Zusammentreffen von Rettung aus Schiffbruch mit der Bekämpfung der Freier ist in unserer Sage jung, da es erst im Orendel vorkommt, s. oben S. 83. 87, von Thorr bei Hymir, Müllenhoff, S. 36, von Aurvandill, Müllenhoff, S. 35, Beer 118 ff., s. oben S. 15, von Horvendillus, Beer, S. 82, von Christus und Maria, Müller 175 f., von Haldanus wie sämmtliche Heimkehrsagen, Beer, S. 35 ff., und die von Vogt 474 f. angezogenen Brautfahrtssagen, — wenn auch einzelne Aehnlichkeiten nicht fehlen; — aber wo finden die sich nicht?

Durchgang durch ein französisches Mittel zeigt sich im Orendel sehr deutlich. Auf die französischen Heroinen und tapfern Villains ist schon oben S. 32 und 34 hingewiesen worden. Aber das ganze Kreuzzugscostüm spricht dafür, wie beim Grafen Rudolf, s. Singer, Zeitschrift für deutsches Alterthum XXX 379. Das Königreich Jerusalem mit den Templern, die Orts- und Volksnamen Montelie, Monteval, Surian, standen einem Franzosen näher als einem Deutschen, die Personennamen Mersilian und Belian stammen aus dem Rolandslied, s. oben S. 17, über die anderen Namen auf -*an*, -*ian*, Alban, Durian, Leberian, Merzian, Princian, Sudan, s. meine Abhandlung über die ostgothische Heldensage 83.

Bei der Verwandtschaft des Stoffes mit dem noch viel mehr französischen Seghelijn und der Vengeance — in entfernterem Grade auch mit Beuves de Hanstone und Baudouin de Sebourg — ist das begreiflich. Aber auch der Oswald hat in der Innsbrucker Prosa einen König Gaudon statt Aaron; Zingerle, Die Oswaldlegende, 45. 66.

Nachträge.

Zu S. 14. In dem mittelenglischen Gedicht Le bone Florence of Rome, Ritson, Ancient metrical Romances III, gründet der trojanische Antenor Jerusalem, V. 11.

Zu S. 22. Ueber den mittelalterlichen Häringsfang in Schonen s. Lundberg, Antiqvarisk Tidskrift för Sverige XI, N. 2.

Zu S. 28. Sudan und sein Bruder Merzian als heidnische Fürsten begegnen auch im Wolfdietrich D, s. Jänicke zu V 192, 3.

Zu S. 32. Aehnlich Briden schilt auch Liebgart den heil. Marcellian, nachdem sie Ortnit verloren hat; Wolfdietrich B 735 ff. — Zu den sachlichen Uebereinstimmungen des Orendel mit den Wolfdietrichen kommen auch formelle, über welche Jänicke zu Wolfdietrich B 372, 3. 4 und 391, 1. 2 handelt.

Zu S. 58 ff. Der Geschichte von Seghelijn und Florete steht sehr nahe die von Esmere und Florence, Jubinal, Nouveau Recueil des contes, dits, fabliaux et autres poésies inédites 1839, I 88 ff., englisch bei Ritson, Ancient metrical Romances III 1 ff., ‚Le bone Florence of Rome'. Esmere hilft dem Kaiser von Rom gegenüber dem Kaiser von Constantinopel, der Rom belagert, und heiratet Florence, die Tochter des römischen Kaisers. Während er aber den Kaiser von Constantinopel bis in sein Land verfolgt, sucht sein Bruder Miles die Liebe Florences zu gewinnen. Unter der Vorspiegelung, mit ihr dem heimkehrenden Bruder entgegen gehen zu wollen, führt er sie in den Wald und hängt sie daselbst, weil er sie nicht überwältigen kann, bei den Haaren auf. Sie wird von einem Herzog gerettet, aber da ein ihr vergeblich nachstellender Ritter Macaire sie in den Verdacht bringt, die Tochter des Herzogs im Schlaf erstochen zu haben, verbannt. Ein Diener, den sie vom Galgen gerettet hat, verkauft sie, da sie nach Jerusalem will, an einen Schiffer. Von dessen Begehrlichkeit wird sie durch einen Sturm befreit. Sie kommt aus dem Schiffbruch ans Land in ein Kloster, erhält die Gabe, Kranke heilen zu können, und bethätigt sie unerkannt an ihrem Gemahl, dessen Bruder, Macaire, dem Diener und dem Schiffer. Darauf folgt Erkennung und Vereinigung der Gatten. — Esmere und Florence bilden ein Mittelglied zwischen den betreffenden Theilen des Seghelijn und dem von der Sibyllensage beeinflussten Crescentiatypus; s. Massmann, Kaiserchronik III 893 ff., Wenzel, Die Fassungen der Sage von Florence de Rome, 1890.

Ausgegeben am 25. Februar 1892.